Sœur BEGHE

DIEU et les HOMMES

3e ÉDITION - 8e MILLE

Ce recueil de paroles divines est diffusé à la demande expresse du Seigneur qui, du haut du Ciel, parle à Ses enfants.

Que Votre règne arrive,
Que Votre volonté soit faite
sur la terre comme au Ciel !

Editions Résiac

EX TOTO CORDE — MEO PRO VERITATE

B.P. 6 F 53150 MONTSURS

ISBN 2-85268-233-8
(la première édition de cet ouvrage est datée du 16 Juillet 1992)

Avant-Propos

Ce livre a été composé à la demande de Dieu et le choix des textes proposés au lecteur a été fait suivant Ses instructions. Dieu a désiré que ce livre soit publié à cause de la rareté de la diffusion de Sa Parole dans les églises et dans le monde, et Dieu est le seul Juge de Ses désirs.

«Je suis la servante du Seigneur» a dit la Très Sainte Vierge Marie et Dieu a donné au monde le Sauveur. «Fiat» est le consentement que tout enfant de Dieu doit donner à son Père des Cieux à toute demande divine et c'est parce que Dieu a demandé qu'il soit publié, que ce livre a été publié.

Dieu est le Père de Ses enfants et lorsque Ses serviteurs sont absents pour la plupart, Il distribue à certains de Ses enfants des charges à accomplir à la mesure de leurs forces et à la mesure de Sa grâce. Il est le Père de tous Ses enfants, des meilleurs comme des plus indisciplinés, des plus forts comme des plus faibles. Il commande la charité et la charité chrétienne est beaucoup plus que la solidarité sociale. La solidarité sociale est un faux principe parce qu'elle est basée sur la notion d'une justice sociale sans Dieu ; or la justice sociale sans référence divine est une injustice permanente à cause de l'absence de la priorité divine dans la recherche de l'équité des hommes entre eux. Si Dieu est absent, les hommes sont orphelins et leur état d'orphelin est la première et la plus scandaleuse injustice qui leur est faite.

Je suis le Père de Mes enfants et les hommes qui ne veulent pas M'accorder la paternité sont des voleurs. Voyez le scandale que causent les rapts d'enfants et le tort incalculable que de tels actes causent aux parents, aux enfants et même à la société. Ainsi en est-il des rapts des enfants de Dieu à qui l'on fait croire qu'ils n'ont pas de Père ou que leur Père ne les aime pas ni ne se préoccupe d'eux. Ces enfants subissent un préjudice grave et ceux qui agissent ainsi à leur égard sont grandement punissables.

Oui, un grand nombre de Mes prêtres sont gravement coupables parce qu'ils n'ont pas été fidèles à la grâce de leur sacerdoce et Je leur dis :

«Chers Amis, Chers Frères, Chers Consacrés,

J'ai attendu depuis bien des années et Je voudrais attendre tout le temps qu'il faudrait pour que Mes prêtres reviennent à Moi et Me servent comme Je le désire, comme Je le mérite et comme J'agrée leurs services.

J'ai attendu des années et Je voudrais encore attendre que les hommes d'église aient le souci des enfants de Dieu et les conduisent sur le chemin du Royaume éternel.

J'ai attendu depuis bien des années et Je voudrais encore attendre que les hommes d'église soient de nouveau des serviteurs dévoués, fidèles et diligents au service de l'unique vrai Dieu, Dieu le Père, Dieu le Fils et Dieu le Saint-Esprit.

J'ai attendu depuis bien des années et Je voudrais encore attendre que les hommes d'église reviennent à l'exercice de leur ministère dans la foi catholique, la foi de la sainte Eglise catholique, apostolique et romaine, la foi de Jésus-Christ et Seigneur.

J'ai attendu depuis bien des années et Je voudrais encore attendre que l'humanité tout entière soit catholique car la foi catholique est la seule foi à propager, l'unique foi à respecter, la seule foi à admirer.

J'ai attendu depuis bien des années et Je voudrais encore attendre que la religion catholique soit de nouveau la référence des enfants de Dieu et que tous soient respectueux des Commandements de Dieu avec crainte, piété et amour.

J'ai attendu depuis bien des années et Je voudrais encore attendre que Ma loi soit la priorité des gouvernements, que Mes désirs soient les désirs des enfants de Dieu, que la charité fleurisse sur la terre et que celle-ci ne soit plus habitée que par des saints et des saintes.

J'ai attendu et Je voudrais attendre, mais J'ai décidé que le temps de cette attente était arrivé à terme car c'est Moi qui décide de la longueur du temps de la Patience de Dieu.

Je voudrais attendre comme J'ai attendu depuis deux mille ans que la foi catholique se propage et s'étende par toute la terre mais, parce que la foi catholique est en train de disparaître de la surface de la terre et que la sainte Eglise elle-même a détourné de Dieu Mes enfants qui sont aussi ses enfants, Je suis dans l'obligation de venir à l'aide de ceux que J'ai déjà sauvés mais qui sont sur le point de périr par manque de soins, par manque de doctrine, par manque de sacrements et par manque de réception du Pain de Vie.

J'ai attendu, depuis la naissance de Jésus-Christ dans la pauvreté de la crèche jusqu'à Son dépouillement des autels des églises dénudées, que la terre soit renouvelée et qu'elle foisonne de nouveau de grâces et de bienfaits divins.

J'ai attendu depuis deux mille ans et Je voudrais encore attendre mais le temps, qui doit encore s'écouler entre aujourd'hui et l'accomplissement des désirs divins de conversion de l'humanité, est un temps qui peut se comparer à la dernière seconde avant la sonnerie de la divine Horloge.

Oui, Mes Amis, Mes Frères, Mes Consacrés, vous avez la charge des âmes des enfants des hommes, mais que leur arrive-t-il ? Quelle est la destination du voyage que vous leur avez proposé et dans lequel vous les engagez ? Qu'adviendra-t-il d'eux au bout de leur chemin ? Qu'en avez-vous fait et où les avez-vous dispersés ? J'ai donné la grâce d'être guide à chacun d'entre vous et, en plus de cette grâce, Je suis Moi-même à la tête du convoi dans lequel Je vous veux. Mais, voilà que la plupart d'entre vous M'avez quitté, entraînant à votre suite trop d'âmes qui croient être à Ma suite à cause de votre présence mais qui, si elles savaient que vous êtes à la dérive, ne seraient pas avec vous.

J'ai attendu et Je voudrais encore attendre que vous reveniez à Moi et que les âmes qui sont avec vous reviennent à Moi et vous remercient de les avoir conduites à Moi. Mais lorsque Je n'attendrai plus, alors Je pourfendrai dans Ma Colère les hommes Mes serviteurs et les enfants de Dieu qui n'auront pas désiré revenir à Moi, à Ma loi, à Ma foi et à Mes Commandements. Je détruirai la terre et les hommes Mes serviteurs et les enfants de Dieu qui seront demeurés dans l'obstination de leur impiété, de leur mécréance et de leur perversité. Je détruirai la terre et tout ce qu'elle contient parce que rien de souillé ne demeurera là où Je reconstruis car Je reconstruirai le Royaume de la terre et Je donnerai à la créature devenue sainte la couronne royale qu'elle portera avec charité, avec espérance et avec foi.

Voilà, Mes très chers Amis, Frères et Consacrés, la Parole de Dieu que Je vous adresse en ce temps de la terre. Je vous supplie de ne pas la déconsidérer ni de l'étouffer. Elle est Ma Parole et J'ai désiré vous la faire entendre par ce livre dont le contenu a été revu, contrôlé et approuvé par le serviteur à qui J'ai confié la tâche de diriger les pas de la créature qui a retranscrit Mes Paroles. Je vous offre cette lecture et Je vous supplie de vous y appliquer.

Je vous aime malgré vos errements, malgré vos trahisons, malgré la dureté de vos cœurs car Je ne suis pas venu pour les justes mais pour les pécheurs et il y a une grande joie dans le Ciel à la conversion d'un pécheur.»

En ce 29 février 1992,
Année de grâces et de Miséricorde

CHAPITRE PREMIER

Grandeur de Dieu et de la Mère de Dieu

JEUDI 4 FÉVRIER 1988

Eternité de l'Amour de Dieu pour la création

J'ai créé l'univers et tout ce qu'il contient parce que Mon Esprit Est Amour et parce que cet éternel présent est tellement plein d'amour qu'Il veut en faire le don éternellement à des êtres capables de recevoir une telle richesse et un tel don. Il résolut alors de créer des êtres capables d'aimer librement, volontairement, personnellement et objectivement.

Le Père engendre éternellement le Fils dans l'Amour et le Fils est engendré éternellement par le Père dans l'Amour. L'Amour est présent éternellement et Il détermine la vie du Fils en le Père et du Père en le Fils. L'Amour qui unit le Père et le Fils est éternel et l'union des Trois Personnes de la Très Sainte Trinité déborde sur le monde créé et l'englobe tout à la fois.

Toute la création est dans cette éternité d'amour et l'esprit du Mal essaye de pénétrer dans les remparts de l'éternel Amour pour atteindre le cœur de l'Amour. Toutes les puissances du Mal s'acharnent à trouver une faille dans ces remparts, infranchissables sans l'autorisation du Souverain Bien. Et comme l'esprit du Mal ne peut investir cette forteresse d'Amour, il s'attaque à la création et l'investit pendant sa phase de maturité, c'est-à-dire pendant ce temps à la fois si long et si court où, étant elle aussi à l'extérieur de la forteresse d'Amour, elle grandit et se prépare à la perfection qui lui permettra de recevoir l'autorisation d'y pénétrer. Et elle doit lutter contre les attaques incessantes de l'esprit du Mal qui ne veut pas le bonheur éternel du créé parce que, créé lui-même bon, il s'est détourné de sa propre vie et ne peut supporter, dans le paroxysme de ses défauts et de ses vices, que d'autres êtres créés, inférieurs et postérieurs à lui, puissent essayer librement et volontairement de tendre vers ce qu'il a rejeté encore plus librement et plus volontairement.

Jésus-Christ vint alors dans Sa création pour être le Sauveur de cette création, entraînée dans les filets de l'ennemi infernal, et pour ouvrir une brèche dans l'étau par lequel les forces du Mal avaient enserré la création ; et c'est par cette brèche que s'écoule un flot ininterrompu de grâces et de force divine ; et c'est encore par cette brèche que s'échappe et s'envole tout le créé parvenu à la sainteté.

MERCREDI 7 DÉCEMBRE 1988

Je suis Dieu

Je suis Dieu. J'ai créé Mes créatures par Ma Toute-Puissance, J'ai sauvé Mes créatures par la personne de Mon Verbe et J'ai aimé Mes créatures par Mon Amour. Mon Amour donne à Ma Parole des mots d'amour, Mon Amour donne à Ma Toute-Puissance des actions d'amour. Ma Toute-Puissance est nécessaire à Ma Parole et à Mon Amour et la Toute-Puissance a besoin de la Parole et de l'Amour. Je suis la Toute-Puissance qui s'exprime et qui aime. Je suis l'Expression de Mon Amour et de Ma Toute-Puissance. Je suis la Bonté de Mes actions et la Tendresse de Mes paroles. Je suis Dieu le Père Tout-Puissant, le Fils

Verbe de Dieu, l'Esprit d'Amour qui bonifie toutes Mes actions et qui donne à Mes paroles toute leur perfection.

Je suis Dieu mais Je suis le Père de Mes enfants comme Je suis le Frère de Mes créatures et comme Je suis l'Ami parfait de Mes proches. Je suis Dieu mais Je suis le Maître de Mes esclaves, Je suis le Juge des pécheurs et Je suis le Miséricordieux de Mes malades. Je suis le Tout-Puissant, Je suis la Vérité, Je suis l'Amour et la Perfection.

LUNDI 26 DÉCEMBRE 1988

Noël (1)

Mon amour est tellement grand que le monde ne peut le contenir. J'aime tant Ma création que le jour de Noël est une réelle naissance du Fils, Verbe de Dieu, toujours renouvelée et toujours mue par l'amour extraordinaire qui est le Mien. Je suis né la nuit de Noël de Ma Mère et selon la volonté toute puissante de Mon Père. Mon Amour s'est donné à Ma Mère et Mon Amour peut tout. L'Amour de Dieu, qui a donné naissance à l'Humanité de Mon Verbe, a donné naissance à la création et, par Amour pour Ma création, Je Me donne à elle chaque année avec le même amour, la même générosité et la même réalité. Je Me donne à l'humanité dans un même don qui se renouvelle dans la réalité du temps de chaque être humain et à chaque instant de son existence. C'est pour cela que la fête de Noël n'est pas un anniversaire mais elle est le renouvellement de la naissance du Fils de Dieu dans Sa chair et dans le temps terrestre pour vous sauver.

MERCREDI 28 DÉCEMBRE 1988

Permanence du Saint-Esprit dans la création

Je Me donne au monde par Mon amour et Mon amour n'est autre que le Saint-Esprit par Lequel J'accomplis et

Je dis toute chose. Il a parlé par les prophètes et Il parlera par les prophètes. Le Saint-Esprit de Dieu est à l'œuvre partout et toujours. Le Saint-Esprit de Dieu n'interrompt pas ni n'interrompra jamais Son œuvre créatrice parce que l'amour de Dieu est infini. L'amour qui ne donne pas, qui ne se donne pas, n'est pas de l'amour. L'amour de Dieu se donnera toujours et Il se donnera à Lui-même et à Ses créatures qui se renouvelleront toujours plus parfaitement dans les plaintes ineffables de l'Amour parfait.

MERCREDI 28 DÉCEMBRE 1988

L'amour de la Très Sainte Vierge

«En me créant, le Seigneur m'a dotée de la faculté d'aimer et Il m'a gratifiée de cette faculté dans une mesure exceptionnelle et plus qu'aucun être de la terre. Cette faculté m'a beaucoup fait souffrir lors de ma vie terrestre parce que les moindres indélicatesses me blessaient profondément et le mal qui nous environnait pour nous faire trébucher, mon divin Fils et moi, nous faisait souffrir douloureusement et constamment».

MERCREDI 1er FÉVRIER 1989

L'Esprit de Dieu, entré dans le monde par Jésus-Christ

Je Me tiens en Mon temple et Je voudrais tant être accueilli par tous les hommes dans le temple de leur âme. Je ferai en eux Ma demeure et nous serons unis comme Je suis en le Père et le Père est en Moi. Le temple de Dieu est un temple d'amour et l'Esprit de Dieu y règne en Maître. L'Esprit d'Amour pénètre dans toutes les âmes des hommes qui se donnent à Moi et Ma Mère est toujours la première à pénétrer dans Mon temple. Ma Mère est la

Mère de la Sainte Humanité du Verbe et, en donnant l'Humanité du Verbe au monde, elle a permis à Dieu d'établir Sa première demeure parmi les hommes. L'Amour de Dieu était réellement et concrètement établi dans la demeure de l'âme de l'Humanité du Verbe de Dieu et, parce qu'Il y a été parfaitement accueilli, Il se donne de cette demeure aux autres hommes qui désirent L'abriter à l'exemple de la Sainte Humanité.

L'Amour de Dieu est un don du Très-Haut et Dieu, en donnant Son Verbe, a donné Son Amour à l'humanité tout entière. L'Esprit de Dieu est entré dans le monde en la personne du Seigneur Jésus-Christ, Il ne quittera pas le monde parce qu'Il S'est donné au monde et Il élèvera le monde à Lui après avoir élevé le Fils de Dieu. L'Esprit de Dieu est le plus beau don de Dieu à l'humanité. L'humanité est indigne du don parfait qu'elle a reçu mais l'Esprit de Dieu rendra à l'humanité indigne la dignité qu'elle a perdue. L'Esprit de Dieu pénétrera dans le cœur de Ses enfants parce qu'Il a pénétré dans le cœur du Fils et que le Père a donné à Son Fils le pouvoir d'associer Ses frères et sœurs de la terre à Sa filiation. L'Esprit de Dieu est entré dans le monde et l'Esprit de Dieu ne partira pas du monde tant que l'œuvre créatrice est en marche, marchant vers Dieu parce que créée par Dieu, et personne ne pourra empêcher cette marche.

Par l'Esprit de Dieu, le monde a été puni lorsqu'il s'est détourné de Lui et cette punition a valu à l'humanité le plus beau et le plus excellent don de Dieu : Lui-même. Par l'Esprit de Dieu, le monde puni sera renouvelé, rendu à neuf à une humanité renouvelée elle aussi. Par l'Esprit de Dieu, le monde renouvelé connaîtra les beautés et les merveilles de l'Amour de Dieu. L'Esprit de Dieu renouvellera la face de la terre mais aussi l'envers de la terre, ainsi que l'intérieur et l'extérieur de tout ce qui vit et se meut sur la terre. Les hommes ne connaîtront plus ni la faim, ni le froid, ni la souffrance, ni la mort. Les hommes ne connaîtront plus ni la colère, ni la jalousie, ni l'envie, ni le mépris, ni la haine. Ils connaîtront la paix et les délices de l'entente, de la patience et de la charité. Les animaux, eux aussi, seront purifiés et il n'y aura plus de tuerie, de carnage, de déprédation. La végétation, elle aussi, bénéficiera du renouveau et elle sera belle et ravissante. Elle sera abondante mais non envahissante. Elle nourrira les hommes et elle servira de nourriture aux animaux. Et Dieu viendra dans Sa création comme Il Se plaisait à venir dans le paradis terrestre. Alors s'accomplira la prophétie d'Isaïe (Is 65, 17-25) et les hommes connaîtront leur Dieu.

DIMANCHE 19 MARS 1989

Le Pain de Vie

Je suis le Pain de Vie et Je Me donne en nourriture pour que ceux qui Me mangent aient la vie éternelle. Je suis le Pain descendu du Ciel et ceux qui Me mangent ont le Ciel en eux. Je Me donne spirituellement, c'est-à-dire que Je donne Mon esprit ; Je Me donne physiquement, c'est-à-dire que Je Me donne corporellement et le temps n'existe pas dans ce don corporel ; Je Me donne mystiquement, c'est-à-dire que Mon âme s'unit réellement et véritablement à l'âme de ceux qui Me reçoivent. Je Me donne dans toutes les propriétés de Mon Etre et le don de l'Eucharistie est un don inestimable.

Je Me donne et celui qui Me reçoit est le plus souvent inconscient de la grandeur de Mon don. Je Me donne trop souvent dans l'ignorance, dans l'indifférence et dans l'ingratitude de Mon don et Je souffre dans Ma Sainte Humanité d'autant de blessures, de morsures et de rejets. Je Me donne au-delà du temps et Ma Sainte Humanité a souffert hors du temps tout en subissant dans le temps l'immensité de cette souffrance «in et ex tempore».

SAMEDI 27 MAI 1989

Le regard de Dieu

Le regard de Dieu est un regard permanent, constant, éternel. Il regarde Sa création et Il l'aime. Le regard de Dieu est un regard bon, tendre et plein d'amour pour ceux qui L'aiment et qui le Lui témoignent. Le regard de Dieu est un regard terrible et plein de feu et de colère pour l'ennemi. Le regard de Dieu est foudroyant et broyant mais Il ne détruit pas l'œuvre qu'Il a créée et à qui Il a donné l'existence éternelle. Il ne permet pas non plus à la créature bannie de Sa pensée de détruire les dons divins, or l'existence est le plus grand don de Dieu à Sa créature.

SAMEDI 27 MAI 1989

Offrande de la création tout entière

Je bâtis Mon Royaume, Je le peuple et Je porte Ma création tout entière sur Mes épaules. Je porte Ma création et Je l'ai portée humainement en portant Ma croix. Ma croix avait le poids de l'humanité et Ma création a pesé de tout son poids concret et moral sur Mes épaules. J'ai porté le monde et l'univers au sommet du Golgotha et là, Je l'ai offert à Dieu. Je Me suis immolé et Dieu, en prenant Mon Sacrifice, a pris simultanément Mon offrande. Et de même que le prêtre offre à Dieu l'offrande immaculée, ainsi le Prêtre éternel a offert à Dieu la création. Le Prêtre immaculé était le seul à pouvoir offrir à Dieu une offrande telle que l'œuvre divine elle-même. Par l'offrande de l'œuvre divine, supérieure à toute offrande humaine, J'ai rendu à la création déchue la grâce de la bénédiction divine et la grâce extraordinaire de la faveur divine.

Je Me donne à Ma créature en M'offrant en holocauste pour son bonheur éternel. Je l'offre à Dieu et, par Mon offrande, Je purifie le bien offert. Je suis la Blancheur lumineuse de Ma Demeure et, par Moi, Mes créatures pénètrent dans cet extraordinaire éclat. L'éclat de Dieu les illumine et l'éclat de Dieu est le soleil éternel. La lumière divine est source de Vie ; bonheur à ceux qui voudront l'atteindre ! La lumière divine est bienfait, richesse et paix. La lumière divine est don perpétuel, elle est bénédiction perpétuelle, elle est croissance perpétuelle.

MERCREDI 5 JUILLET 1989

Action toute-puissante de Dieu

Je parle, J'agis et J'aime. Je permets que bien des personnes ne croient pas à Ma parole et Je permets que bien des personnes ne répondent pas à Mon amour. Je le permets à cause de la liberté que J'ai inscrite dans la nature même de l'homme et parce que Je suis infiniment bon, infiniment patient, infiniment miséricordieux, mais Je ne permets pas ni ne permettrai, tant que le monde matériel sera, que l'homme échappe à Mon Action. Je parle et celui qui veut M'écouter entend Ma voix ; J'aime et celui qui est attiré par l'Amour est aimé de Lui et en est réjoui ; J'agis et tous les hommes et toutes Mes créatures dépendent de Mon Action. Ma volonté est plus forte que les actions humaines. La volonté de Dieu est celle qui vaincra et les hommes seront émerveillés par l'accomplissement de ce qui doit encore arriver.

MERCREDI 25 OCTOBRE 1989

L'amour de la Vierge Marie

(La Vierge Marie)

J'aime tous mes enfants d'un amour de mère. Mon attention pour chaque enfant est unique et cependant, plus mes enfants sont nombreux, plus l'amour individuel que j'éprouve pour chacun d'eux est grand, comme si l'amour pour l'un développe l'amour pour l'autre. Par cet amour si grand et si profond, mon amour se personnalise et s'individualise à l'infini.

Je suis la Mère du pur Amour et cet Amour est le fruit de ma maternité divine. L'Amour de Dieu est l'amour avec lequel j'aime Mes enfants parce que l'amour de Dieu m'a tout donné. L'Amour de Dieu M'a donné la vie terrestre, Il m'a donné la participation à la Rédemption de l'humanité, Il m'a donné la participation à la Victoire divine. L'Amour de Dieu, de qui j'ai tout reçu, m'a tout donné et Il est la vie éternelle. En Lui est la vie, en Lui est toute vie, en Lui est tout amour. Il donne la vie, Il donne l'amour ; l'amour est tout en Lui, la vie est toute en Lui. J'aime mes enfants de l'amour qu'Il me donne pour aimer et je puise dans cet amour sans cesse et sans parcimonie. Il est l'Amour et Il m'a donné l'amour. Il est la Vie et Il m'a donné la vie. Par Lui, j'ai tout reçu et par Lui, j'ai tout transmis de ce qu'Il m'avait donné : j'ai transmis la vie divine à l'humanité et j'ai donné Dieu à la terre ; j'ai transmis l'amour divin à la terre et j'ai donné le Sauveur à l'humanité. J'ai reçu Dieu et j'ai donné Dieu. J'ai reçu l'Amour de Dieu en mon âme et en mon corps, et j'ai transmis à la terre l'Amour de Dieu en mon âme et en mon corps.

Mon âme aime l'humanité de l'Amour même de Dieu et mon corps a donné naissance à l'Amour. Je suis la Mère du Pur Amour et mon amour pour Lui est l'amour que je donne au monde.

(Notre-Seigneur)

L'union de nos deux cœurs est réelle parce que l'amour qui nous unit, Ma Mère et Moi, est l'Amour même de Dieu. Ma très sainte Mère M'aime avec l'Amour de Dieu pour Dieu et J'aime Ma Mère avec l'Amour de Dieu. L'amour avec lequel nous nous aimons l'un l'autre est l'Amour dans la plénitude de l'Amour de Dieu. L'amour de Ma Mère est le seul amour qu'une créature M'ait jamais donné parfaitement, et son amour comble Dieu dans Sa Perfection.

DIMANCHE 29 OCTOBRE 1989

L'Amour du Sacré-Cœur

Vois Mon Cœur enflammé et les blessures ardentes de Mes mains. Je porte le monde et chaque homme dans le brasier de Mes plaies. Je brûle d'amour et de bonté et J'enflamme d'amour et de bonté ceux qui y brûlent. Les hommes qui tournent vers Moi leur regard ne le détournent plus. Je les captive et Ma prison d'amour et de liberté surnaturelle est une des promesses divines les plus exquises et les plus pacifiantes. Je viendrai bientôt et Je brûlerai les âmes de Mon ardeur. Je détruirai le Mal par le feu et Je rétablirai le Bien par le feu. Je brûle d'amour et Mon amour incandescent n'épargnera rien : il brûlera le monde à l'intérieur et à l'extérieur des âmes, il ne tardera pas.

Je suis le Roi, le Tout-Puissant, le Glorieux, l'Amour brûlant. Je viendrai bientôt et Ma Puissance devancera Ma Gloire. Ma Puissance détruira le Mal et Ma Gloire suivra. Ma Gloire fera se prosterner toute créature et Mon Amour les relèvera toutes. Je suis le Seigneur et Je suis le Roi. Je suis le seul Roi et devant Moi tous les rois et princes de la terre courberont la tête et plieront le genou. Je régnerai bientôt et Mon Règne est proche. Je porte le monde dans Mes plaies et Je ne Me suis pas blessé à mort pour le perdre. Le monde ne Me rejettera plus longtemps et le monde fera amende honorable. Le monde se frappera la poitrine et il ne parlera plus pour blasphémer ni pour blesser Mon cœur saturé de blessures et de souffrances.

MERCREDI 8 NOVEMBRE 1989

La Mère de Dieu

Ma Mère est la créature qui a répondu parfaitement à tous les instants de sa vie terrestre à l'Amour et à la tendresse de Dieu. Elle a répondu dans son âme et dans son corps à tout ce qui était attendu d'elle, et elle a aimé au point de réjouir parfaitement l'Esprit d'Amour et de Bonté de Dieu. Je l'ai aimée depuis le premier instant de sa conception et Je l'ai emportée dans le Ciel dès le premier instant de son entrée dans la vie éternelle. Elle est née dans le monde et elle a quitté le monde comme toute créature humaine, et elle est devenue l'exemple et la plus renommée des créatures de la terre tout entière.

Votre mère est Ma Mère et la Gloire de Mes enfants se trouve en partie dans la filiation unique de Dieu et des descendants d'Adam. Mes enfants, vous êtes Mes vrais frères et vous êtes vraiment Mes frères. Vous ne comprenez pas ce qu'est une si grande parenté. Vous ne pouvez pas ignorer la grandeur ni la beauté de cette parenté. Vous nommez la Mère de Dieu et Mère des hommes «Notre-Dame», mais vous la nommez également du doux nom de «Mère». Quand Ma Mère a accepté de devenir Ma Mère, elle a accepté la croix et lorsqu'elle a accepté la croix, elle a accepté de devenir votre Mère. Elle est devenue Ma Mère dans la paix et dans le recueillement extatique de son âme, elle est devenue votre Mère dans la persécution, dans la torture, dans la douleur et dans la souffrance.

Voyez combien elle a été digne et combien elle a voulu aimer. Elle est la Mère du pur amour et elle est la Mère de la fidélité. Elle est la Mère du don total et elle est la Mère de la souffrance à son paroxysme. Elle est la Mère des douleurs et elle est la Mère de l'acceptation. Elle est la Mère de la patience et elle est la Mère de la vie. Elle est la Mère de Dieu, elle est la Mère des hommes et elle est la Mère du genre humain.

MERCREDI 6 DÉCEMBRE 1989

Le Saint Sacrifice : acte de soumission absolue

Je porte le monde dans Mon cœur transpercé. Je porte les péchés sur Moi et Ma couronne d'épines est comme le monde qui aurait dû être beau et bon mais qui est au contraire laid et méchant. Ma couronne aurait dû être belle et glorieuse mais elle est au contraire piquante et blessante. Mon Père a permis cette couronne abominable pour l'humanité du Fils de Dieu ; Il est le Tout-Puissant qui reçoit l'humiliation en la Personne de Son Verbe ; Son Amour est blessé et Sa Puissance est malmenée. Le pont qui relie le Ciel et la terre est la souffrance et l'abaissement. Le Fils de Dieu s'anéantit et Dieu est satisfait en Sa Justice parce que la matière a admis parfaitement et totalement sa sujétion. Elle s'est domptée et la divinité a dominé le créé. Le sacrifice est l'acte de soumission absolue et la soumission de la création a permis que Dieu lui pardonne. Le sacrifice a été le don de la créature au Créateur et la créature a été pardonnée à la mesure de son don. Elle a donné sa parfaite soumission et Dieu en a été satisfait parfaitement. Le sacrifice est la réparation qui a produit la Rédemption et la Rédemption a produit l'Amour de Dieu pour la création et la possibilité pour elle de participer à la Passion du Fils de Dieu.

MERCREDI 27 DÉCEMBRE 1989

Grandeur de l'espace visible

Je t'emmène maintenant [en esprit] d'un tout autre côté de l'univers et Je te précède. Suis-Moi. Ne fais pas de freinage et fonds ta pensée en la Mienne. Je te fais traverser des galaxies et tu Me suis sans peur. Je te précède encore et nous sortons des zones étoilées. Nous continuons encore et il n'y a apparemment plus rien. Je te précède toujours et tu Me fais confiance. Tu t'attends à voir encore un astre ou même une planète solitaire, mais non. Nous continuons encore et les ténèbres sont totales. Je te laisse Me demander où nous aboutirons et Je te réponds : à l'infini de la création visible parce que même le vide est création divine. Ce vide est vide mais il se remplira de la même manière que la végétation est appelée à apparaître et puis à croître partout où il y a de la terre, de l'air et de l'eau. Ainsi en est-il de la création visible. L'espace visible est infini parce que Dieu est son Créateur et Il ne cessera pas de créer puisqu'Il est le Créateur par excellence ; Son Action étant infinie, Sa Parole étant infinie et Son Amour étant infini, Il est l'Infini et Il ne crée que ce qui est à Sa mesure.

JEUDI 4 JANVIER 1990

Perfection de l'amour de la Mère de Dieu

Marie, Ma très sainte et très douce Mère, M'a donné la vie et elle M'a aimé d'amour maternel et d'amour filial. Marie M'a aimé avec tant de perfection, tant de délicatesse et tant de générosité que Je l'aimais naturellement, surnaturellement et divinement, par amour de reconnaissance, par amour filial, par amour du Créateur pour Sa plus belle créature et par amour divin. Marie est Ma Mère et cette dignité exceptionnelle lui a été accordée par amour pour la créature la plus aimante de la création et par amour pour la création. Marie est la Reine du Ciel et de la terre par droit de maternité divine et par élection divine. Marie est la Mère de l'humanité et elle est la Mère de Dieu. Marie est la créature parfaite, créée parfaitement et qui a répondu parfaitement au plan de Dieu sur elle. La glorieuse Vierge Marie est pour les enfants de Dieu sur la terre l'exemple le plus excellent de la créature aimante et parfaitement soumise à la volonté divine. Marie est Ma Mère, Marie est la Mère des hommes, Marie est votre Mère. Je vous l'ai donnée du haut de la croix et Je vous la donne à chaque instant de votre vie afin que vous vous confiiez en elle, que vous la vénériez et que vous la preniez comme modèle de l'amour de la créature pour le Seigneur, Dieu Très-Haut.

MERCREDI 17 JANVIER 1990

Perpétuité du sacrifice de la croix

Je Me suis offert une seule fois dans le sacrifice de la croix et, par l'offrande parfaite de Dieu à Dieu, la Justice divine a été satisfaite et l'Amour divin a été aimé à la mesure divine. Je Me suis offert une seule fois dans le sacrifice de la croix et l'unicité divine est perpétuité. La Perpétuité est l'attribut divin dans lequel tout trouve sa place et dans lequel tout se meut. Le sacrifice de la croix est perpétuel de la Perpétuité divine et, en lui, tout est pardonné, tout est sauvé, tout est aimé. Le sacrifice de la croix est le signe de la préoccupation perpétuelle de Dieu pour chacune de Ses créatures, pour l'œuvre divine, pour l'aboutissement du plan divin. Le sacrifice de la croix est le signe de Dieu ; le signe de la croix est le signe du chrétien et de l'enfant de Dieu, le signe de la croix est l'étendard de la Vie, le signe de la croix est redoutable pour l'ennemi de la croix.

MERCREDI 28 FÉVRIER 1990

L'Amour de Dieu

L'Amour de Dieu est un amour très excellent et rare parce qu'Il est parfait. Il est le plus bel amour du Ciel et de la terre, du monde visible et invisible, et l'Amour est Dieu. Dieu est l'Amour créateur, l'Amour divin, l'Amour des âmes, l'Amour de la vie. L'Amour est Dieu et cet Amour régit la création. L'Amour est Dieu qui est Puissance, Parole et Amour. L'Amour est Vie. L'Amour préside à la naissance de toute vie, c'est Lui qui la vivifie, la bénit, la sanctifie. L'Amour est la source de tout ce qui est, et rien ne serait si l'Amour ne bénissait pas, ne vivifiait pas, ne sanctifiait pas.

MERCREDI 28 FÉVRIER 1990

La bénédiction de Dieu

Je suis la Voie, Je suis la Vérité, Je suis la Vie. Je Me donne, Je dirige et Je devance. Je suis le chemin et Je suis au bout du chemin et hors de Moi il n'y a que détresse et désespoir. La Joie, c'est Moi ; le Bonheur, c'est Moi ; la Tendresse, c'est Moi ; la Gaité, c'est Moi ; la Diversité, c'est Moi ; la Beauté, c'est Moi ; la Vie, c'est Moi, elle est en Moi, elle est issue de Moi. Je bénis et Je donne la vie, Je sanctifie et Je donne la vie. Je bénis et Je crée, Je bénis et Je fais croître, Je bénis et Je sanctifie. La bénédiction divine est l'assurance de la vie, la sanctification est l'assurance de la Vie. Je bénis et Je donne la vie surnaturelle, et Je demeure en la bénédiction que Je donne. Je bénis et Je donne la Vie éternelle. Je bénis et Je Me donne à tout ce qui est l'objet de Ma bénédiction, et la bénédiction de Dieu est nécessaire à la vie. La bénédiction est le souffle de la vie divine, la bénédiction est le gage du bonheur et de la vie éternelle. La bénédiction de Dieu est la marque divine sur tout ce qui Lui plaît et les dons divins se déversent et inondent tout ce qui Lui plaît. La bénédiction de Dieu est le bonheur de l'être qui la reçoit et elle l'accompagne et le précède dans le cours de son existence.

MERCREDI 11 AVRIL 1990

L'Amour de Dieu : motif et moteur de la Rédemption

L'amour a été le moteur de la Rédemption, l'amour a été l'unique motif de la Rédemption : l'amour de Dieu pour Sa créature et l'amour de Dieu pour Sa création. L'amour de Dieu est un amour si grand, si fécond et si délicieux qu'il n'a pas d'équivalent, qu'aucun autre amour ne lui est égal. L'amour de Dieu est un amour fou, de la folie divine, qui a voulu s'anéantir au sein de Sa création afin de la diviniser et l'intégrer à Son Etre. L'amour divin étant d'un ordre supérieur à l'amour naturel de la créature, il fallait l'anéantissement de la divinité à l'intérieur de la matière pour que la matière puisse avoir part à la divinité, qui est à l'intérieur et à l'extérieur du créé. Mais tant que la nature humaine était dans un état de rejet de la nature divine à l'intérieur d'elle-même, elle ne pouvait être intégrée à la nature divine, qui était à l'extérieur d'elle-même et qui devait aussi être à l'intérieur d'elle-même afin de l'incorporer et la sublimer.

Les âmes qui désirent élever leurs aspirations et leur soif d'éternité vers la vie éternelle doivent, tout en s'élevant au-dessus de leurs sens et de leurs liens terrestres, s'enfoncer à l'intérieur de leur être et chercher Dieu dans l'infiniment extérieur comme dans l'infiniment intérieur. Dieu a élevé la nature humaine à Lui en la bénissant en la Sainte Humanité du Verbe de Dieu, et Il a aimé la nature humaine en lui donnant l'aspect de Sa propre nature. Dieu a sanctifié l'humanité en lui donnant le Très Saint et Il a pardonné la faute humaine parce que la nature humaine Lui a demandé pardon en la personne de la Sainte Humanité du Verbe de Dieu.

MERCREDI 18 AVRIL 1990

La Parole de Dieu et la création

La parole de Dieu est claire, sans bavure et sans heurt. La parole de Dieu ne se discute pas. De plus, elle est directe et destinée à la conscience de celui ou de celle à qui elle s'adresse. La parole de Dieu sonde les cœurs et elle dit la vérité. Elle est discrète et tendre comme elle est impérative et incisive. Elle attendrit et elle réconforte, elle dénonce et elle fait trembler les méchants. Elle est créative, elle est délicate, elle est droite, elle est gracieuse, elle est spirituelle, elle est agile, elle est douce et elle est d'actualité. La Parole de Dieu est la très désirable et très aimée deuxième Personne de la très Sainte Trinité et la

Parole se donne au monde pour l'élever à elle et, par elle, dans le sein de la Très Sainte Trinité. La Parole de Dieu a intégré la nature humaine dans la nature divine et toute la nature humaine doit suivre le chemin du Premier-Né de la création. La nature humaine est appelée à intégrer la nature divine et à vivre de la Parole divine dans l'Amour divin. La nature humaine doit être élevée et elle sera élevée lorsque le monde aura été renouvelé non seulement dans sa substance mais aussi dans sa nature. La nature ressuscitée succèdera à la mort matérielle et cette dernière phase de la création divine dans le temps de la terre sera la phase terminale de la Genèse. La Genèse est une des phases de la création visible, elle a un commencement et une fin. Et puis, lorsque la fin sera, la phase qui suivra aura un commencement et une fin. Et ainsi de suite dans l'éternité de l'œuvre créatrice de Dieu, qui crée l'éternité et qui crée l'éternité de l'éternité.

JEUDI 19 AVRIL 1990

L'Amour du Roi, du Souverain, du Maître

L'amour de Dieu est le plus bel amour qui soit parce qu'il est complet, rien ne lui manque et rien ne lui fait défaut. L'amour parfait est un amour rare et l'amour de Dieu est parfait. Il est rare et, cependant, il englobe toute la création, tout le créé, toute la nature, le monde entier, chaque être, chaque homme. L'amour de Dieu est l'amour qui donne, qui se donne et qui aime d'un amour si extraordinaire qu'il est omniprésent, qu'il est partout, en tout et à tout. L'amour de Dieu est à tout et sa rareté le rend si précieux que l'être qui le rejette, rejette de l'or et plus encore. L'être qui l'accueille accueille l'or divin et cet or est un or de sentiments, de délicatesses, de désirs d'amour réciproque, d'amour gratuit, d'amour désintéressé.

L'amour de Dieu gouverne le monde, le sauve, l'élève et le protège. Et lorsque le mal semble envahir un lieu, une âme, une ville, un pays, ou même un continent, l'amour de Dieu décide de l'accomplissement de toute chose pour un très grand bien. L'amour de Dieu ne laisse rien au hasard et il décide de tout, tout en respectant l'œuvre de Ses mains et de Son amour. L'amour de Dieu est un amour de Roi et de Souverain, et il est le Maître de Sa création.

L'amour du Roi supervise, contrôle, décide, annule, pardonne, consent, donne, attend, étonne, domine et projette. L'amour du Souverain attend, décide, ménage, dénoue, détend, guide et réalise. L'amour du Maître contrôle, ordonne, accomplit, soumet, domine et travaille. L'amour de Dieu est tout cela et, en plus, il aime d'un amour parfait et total.

L'amour du Souverain est l'amour du maître de qui tout dépend et de qui tout tire sa raison d'être. Lorsque le Souverain a parlé, les sujets n'ont plus qu'à appliquer ce qui leur a été dicté et ils n'ont pas à avoir de désirs opposés à ceux de leur Souverain. L'amour du Roi est aussi un amour d'exemple, un amour qui prend la tête et qui se manifeste à l'avant du cortège. L'amour du Roi est un amour d'élite, l'amour du Roi est un amour qui se donne et qui n'attend pas d'amour en retour. L'amour du Maître est un amour responsable, équitable et dynamique. Il donne des ordres et il accomplit à lui seul ce qu'il demande, mais il demande afin de donner à ceux qui lui sont dévoués, la joie de participer à la tâche du Maître.

JEUDI 14 JUIN 1990

La Vérité

La vérité est éternelle, elle est remplie de solutions et de possibilités. La vérité contient en elle toutes les solutions, toutes les possibilités, tous les apaisements. La vérité est le roc sur lequel le monde est posé et la vérité ne bouge pas. La vérité est la pierre d'angle, la vérité est le fondement de la religion, de la philosophie, de la foi. La vérité est ce qui est et lorsque la créature lui tourne le dos, elle part à la dérive et détruit tout ce qui est créé. La vérité est la garantie de la création et lorsque la création se détourne de ce qui lui donne sa crédibilité, elle perd sa valeur, elle devient ruine et confusion. La vérité est une valeur d'éternité et lorsque la créature dilapide et rejette cette valeur très sûre et très précieuse, elle se ruine et perd la richesse dont Dieu l'a dotée et revêtue pour son bonheur. La vérité est devenue une valeur dépréciée par les hommes mais sa valeur ne change pas. C'est Dieu qui donne à la vérité sa valeur et l'homme ne peut rivaliser avec l'éternelle Vérité. La vérité est, elle ne change pas. L'homme change à cause de la fragilité de sa nature déchue mais Dieu lui rendra sa nature libre de l'influence du Prince de ce monde, redoutable et très pervers.

JEUDI 21 JUIN 1990

Grandeur de l'amour divin

L'amour divin est reçu par la créature dans une très réelle ignorance de la réalité de l'amour qu'elle reçoit. L'amour divin est un amour tellement puissant qu'Il donne la vie et qu'Il maintient en vie ; et non seulement Il donne et maintient une vie terrestre, mais Il donne et maintient une vie éternelle. La vie humaine et corporelle est transmise par la créature et elle découle de l'amour de la créature, tandis que l'amour divin crée la vie et lui donne d'aimer. Cette différence est fondamentale, cette différence dans la dimension qui sépare l'amour divin de l'amour de la créature est telle que la créature qui aime Dieu est aimée de Lui à cause de Son amour mais non à cause de l'amour créé. L'échange d'amour entre Dieu et la créature provient du seul amour divin, qui aime et qui communique Son amour à cause de Lui, par Lui et toujours en Lui.

LUNDI 25 JUIN 1990

L'Amour de Dieu

L'Amour de Dieu n'est pas compris, ni connu, ni aimé. L'Amour de Dieu est tellement fort, tellement puissant et tellement concret qu'Il est la Troisième Personne de la Très Sainte Trinité, et la Personne divine est extraordinaire dans Sa beauté, dans Sa bonté, dans Sa puissance et dans Sa force. Le Père est l'Action divine, le Fils est la Parole divine et l'Esprit est l'Amour divin. L'Amour divin est l'Amour avec lequel Dieu s'aime Lui-même et par lequel Il se donne à Lui-même. L'Amour de Dieu est aimé avec un amour tel par l'Action et par la Parole qu'il unit l'Action à la Parole et la Parole à l'Action, et que l'Action agit par la force de la Parole et la Parole actionne l'Action en l'exprimant.

L'Amour de Dieu est l'Amour avec lequel Dieu agit et parle, et l'Amour de Dieu est l'Amour Fou de Dieu pour Dieu, de Dieu avec Dieu et de Dieu envers Dieu. L'Amour de Dieu est l'Amour de la Beauté, de la Bonté, de la Force, de la Puissance, de la Tendresse, de la Connaissance et de l'Intelligence. L'Amour de Dieu est un Amour qui retient à Lui tout ce qu'Il crée et, parce qu'Il retient à Lui le créé, celui-ci ne peut se détacher de Lui sans détruire la nature de son être.

L'Amour peut se comparer au père qui ne cède à aucun chantage et qui se prive de tout pour l'amour des siens ; lorsque la souffrance le tient, l'amour le pousse en avant ; lorsque la maladie le tient, le courage le pousse en avant ; lorsque la tempête s'abat sur sa maison, ses paroles consolent, réconfortent et calment les siens. L'Amour est toujours présent, Il devine les moindres désirs, les moindres émotions, les moindres difficultés. Il se charge d'aider l'enfant à surmonter ses difficultés, à retenir ses larmes, à dominer ses désirs. Et encore, lorsque le danger menace l'adolescent, Il accourt, Il dépose les armes aux pieds de Son fils pour le prendre dans Ses bras et l'embrasser et puis, lorsque la peur de la solitude devant le danger est passée, Il prend en main le combat et Il charge, entraînant Son fils à sa suite, et Il met l'ennemi en déroute. L'Amour de Dieu peut encore se comparer à l'amour du père qui aime le fils ingrat et qui lui prépare le chemin malgré la paresse et la nonchalance de celui-ci ; et puis, lorsque le fils rebrousse chemin, il l'accompagne pour lui tenir compagnie et il lui parle tout en le laissant croire que c'est lui qui a désiré faire demi-tour. Par la confiance qu'il obtient de ses enfants moins courageux, moins aimants, moins volontaires et moins expérimentés que lui, il leur donne l'exemple et les enfants devenus grands lui vouent une admiration et une estime très grandes et très réelles.

Il en est ainsi des êtres humains qui sont sur la terre comme de petits enfants dont les peines, les souffrances et les douleurs, qui leur paraissent insurmontables, indignes, intolérables et parfois même dénuées de toute justice, de tout amour et de toute bonté, ne sont pas autre chose que l'épreuve nécessaire pour aguerrir leur âme, la fortifier et lui donner l'expérience dont elle a besoin pour devenir à son tour l'âme adulte, aimante, capable et rompue au combat.

L'Amour de Dieu est l'amour qui fait tourner la terre autour du soleil, la lune autour de la terre et les hommes sur la surface de la terre. L'Amour de Dieu est l'amour qui donne à la race humaine la faculté de se perpétuer, de s'aimer, de se propager. L'Amour de Dieu est l'amour qui donne à la vie la force de vivre, le désir de vivre, la propagation de la vie. L'Amour de Dieu est dans la création et l'Amour de Dieu est présent dans les mille et un détails de la création. L'Amour de Dieu a pensé à tout, a désiré tout ce qui est, a prévu tout ce qui vient. L'Amour de Dieu dirige tout, motive tout, supervise tout, domine tout. Et lorsque la créature se sent abandonnée de Dieu et des hommes, elle possède l'Amour par la preuve du contraire ; par le sentiment d'abandon qui l'envahit, elle admet la Puissance de l'Amour par opposition à sa propre impuissance, elle admet la Force de l'Amour par sa propre faiblesse, elle admet la Victoire de l'Amour par sa propre défaite. Et lorsque la créature impuissante, affaiblie et défaite reconnaît la totale domination, la totale puissance et la totale victoire de l'Amour sur elle-même jusque dans les fibres les plus reculées de son corps, de sa pensée et de son être, alors l'Amour la reprend en Lui, lui communiquant Sa Vie, Sa Force, Sa Puissance et toutes Ses Facultés. Et la créature, victorieuse de la Victoire de l'Amour, ressuscite à la Vie divine dans laquelle elle avait été désirée et de laquelle l'ennemi l'avait arrachée.

MERCREDI 8 AOÛT 1990

La descente aux Enfers

L'Ame et l'Ange de Notre-Seigneur Jésus-Christ étaient unis sur la terre comme le sont l'Ange et l'âme des saints dans le ciel. C'est pour cela que la descente aux enfers de l'Ame du Seigneur Jésus-Christ fut l'épreuve d'amour la plus épouvantable et la plus triste qui soit. L'Ange du Seigneur Jésus-Christ était l'Esprit de Dieu et l'Esprit de Dieu est le Saint-Esprit en Son Esprit mais non en Sa Personne. L'Esprit de Dieu est dans la Demeure de Dieu, l'Esprit de Dieu attire tout à Lui et l'Ame du Seigneur Jésus-Christ prit le chemin en sens inverse afin d'aller chercher les âmes des Justes et des purifiés dans les Enfers. Cette séparation de l'Esprit et de l'Ame du Seigneur Jésus-Christ fut la douleur de l'Ame divine qui surpassa toutes les autres douleurs. Le Seigneur Jésus-Christ passa par les Enfers, Il passa par les Limbes, Il passa par le Paradis et Il entra dans la Demeure divine et dans la Gloire au milieu des acclamations de la foule de toutes les créatures du monde invisible.

Le Seigneur Jésus-Christ est entré dans les Enfers. Que sont ces Enfers ? Les Enfers dont il s'agit sont les lieux de toutes les âmes privées de la lumière divine. Les Enfers sont le Purgatoire, les sphères de repos des âmes en développement, les sphères des âmes de créatures vivantes qui ne connaissent pas Dieu, les sphères des âmes qui ne désirent pas atteindre la lumière tout en n'étant pas damnées et, enfin, la dernière sphère, la plus terrible et la plus triste de toutes les sphères privées de la lumière divine : les geôles. Oui, le monde invisible possède ses prisons et ses cachots, et les âmes qui y font leur séjour sont bien à plaindre. Ces âmes ne sont pas damnées parce qu'elles ne sont pas dans un état de révolte et de haine contre Dieu, mais elles sont de pauvres âmes sans volonté et sans goût pour rien. La prison leur est nécessaire non pour les enfermer et les punir, car les prisons du monde invisible ont un usage opposé aux prisons de la terre. Elles servent à protéger ces âmes des démons et des esprits mauvais qui les entraîneraient dans la damnation, dans le feu, dans le souffre et dans la destruction éternelle de leur être si les portes et les barreaux de ces prisons leur étaient ouverts.

Le Seigneur Jésus-Christ est descendu aussi bas et Il a été agressé par les démons dans Sa descente dans ces sphères profondes. Le Seigneur Jésus-Christ a porté Sa lumière jusque dans les profondeurs du monde invisible, hormis l'enfer, et cette descente aux Enfers fut une épreuve douloureuse et charitable au-delà de toute mesure. Les âmes de ces prisons conservent le souvenir de Sa venue et Sa lumière reste dans les murs de la nuit. Sa lumière luit de la lueur de l'Espérance et la nuit est illuminée pour l'éternité de cette lumière d'Espérance qui est une lueur de foi, d'amour et de chaleur et qui leur donne l'assurance de ne pas être perdues pour toujours. La lumière de l'Ame du Seigneur Jésus-Christ a illuminé d'espérance les sphères de purification, de développement et de maturation, et les âmes y trouvent leur espérance, leur repos et leur tranquillité. Et si le Seigneur Jésus-Christ ne s'y était pas rendu, la lumière de l'Espérance ne les éclairerait pas et toutes les âmes en attente d'entrer dans le Paradis se perdraient de désespoir et d'affolement.

La descente aux Enfers de l'Ame du Seigneur Jésus-Christ fut une terrible défaite pour la souveraineté du démon qui régnait en maître dans ces sphères de terreur et dans ces sphères d'attente. Il n'avait cependant pas reçu l'autorisation de torturer ces âmes, mais la présence seule de ces esprits immondes et haineux suffisait pour affoler et terrifier les âmes qui y faisaient leur séjour. Et les âmes qui étaient volontaires arrivaient à se hisser jusqu'aux Enfers des élus et des Justes, mais les autres, les malheureuses et les faibles, ne pouvaient en faire autant. Et Dieu, par l'effet de Sa bonté, leur donnait le sommeil afin que pendant ce temps, elles soient délivrées de leurs angoisses et de leur détresse. Mais depuis que l'Ame du Seigneur Jésus-Christ a visité les lieux et les bas-fonds de la voie du salut, les âmes ne doivent plus leur réconfort au sommeil mais à la vertu d'Espérance.

JEUDI 6 DÉCEMBRE 1990

La nuit de la Passion de Jésus-Christ

La nuit de Ma Passion fut une nuit douloureuse entre toutes. Les sévices et les humiliations subis en ces heures de ténèbres furent des tourments diaboliques et la Rédemption du genre humain était déjà gagnée dans ces heures de douleur. Je M'offris dans le dénuement de Ma très Sainte Humanité et Je ne gardais rien de tous les biens physiques et moraux. Je fus bafoué, ridiculisé, outragé, étourdi par les coups et brutalisé, et la grâce de la Rédemption commençait déjà à couler à flots sur la création alors que la nuit en était à son point le plus sombre et que les étoiles étaient l'unique clarté de cette nuit d'épouvante. Je souffris en cette nuit d'obscure détresse des cruautés et des amertumes dont Dieu seul connut l'intensité et la terre en reçut des bienfaits dont les effets se font encore sentir en ce XXe siècle.

La nuit de Ma Passion fut une nuit de grâces divines et Je désirais être la source abondante et parfaite de ces grâces. La nuit de Ma Passion fut une nuit de ferveur divine et la ferveur avec laquelle Je M'unis à la volonté de Dieu fut une source intarissable de grâces de conversion et de ferveur humaine. Je demandais à Dieu en chaque instant de cette nuit de douleurs, la grâce de la fidélité, de la constance et de la force du martyre. Je suppliais Dieu de ne pas abandonner la Sainte Humanité de Son Verbe afin que l'angoisse, la terreur et l'horreur qui étreignaient Mon cœur ne dominent pas l'Ame divine et que la Rédemption du genre humain soit totale et sans faille. Je suppliais Dieu dans Sa Grandeur, Sa Majesté et Sa Gloire, d'avoir pitié de Sa créature et de ne pas lui permettre la moindre défaillance. Je priais la Mère de Dieu d'intercéder pour Moi et d'obtenir de Dieu, en Ma faveur, le pardon de l'humanité. Je demandais à tous les Anges de M'assister et de M'entourer afin que leur mur protecteur de qualités et d'attributs divins Me défende de toute attaque des démons et que l'unique agression soit physique afin de détourner de l'humanité la colère divine.

SAMEDI 29 DÉCEMBRE 1990

Noël (2)

J'ai donné au monde la vertu de l'espérance afin de palier toutes les déficiences de la créature et Je lui donne cette belle vertu dans sa douceur, dans sa consolation et dans son réconfort. J'ai donné au monde la Joie de Noël et cette Joie est remplie de la vertu d'Espérance. J'ai donné au monde le grand don de la venue de Dieu Lui-même dans la création visible et ce don est à lui seul la certitude de la vertu de Foi, la joie de la vertu d'Espérance, la bonté de la vertu de Charité. La certitude de la vertu de Foi est donnée à l'enfant de Dieu par l'amour de Dieu, la Joie de la vertu d'Espérance est donnée à l'enfant de Dieu par la bonté de Dieu et la Bonté de la vertu de Charité est donnée à l'enfant de Dieu par la douceur de Dieu. L'amour, la bonté et la douceur de Dieu enveloppent la création et toute créature, et la fête de la Nativité de la Sainte Humanité du Verbe de Dieu est la manifestation éclatante des qualités de Dieu desquelles découlent directement les trois belles vertus fondamentales de l'enfant de Dieu.

J'ai donné la vie au monde et, en donnant cette vie à la créature en propriété personnelle, en état propre à elle-même et afin de la fixer dans la vie de Dieu, J'ai désiré la revêtir dans sa totalité. J'ai désiré la revêtir dans toutes ses phases et J'ai été dans le cœur de Ma création afin d'en être revêtu comme d'un manteau de gloire ; la vie de la créature donne à la vie de Dieu la couleur de l'humilité parfaite, qui est la couleur divine la plus glorieuse. La couleur de l'humilité de Dieu est la plus belle couleur de la Lumière divine et les autres lumières qui l'entourent lui sont égales à cause de la lumière d'humilité qu'elles portent toutes en elles.

La lumière d'humilité divine est la lumière qui donne au Ciel sa douceur, sa teinte de perfection et la luminosité divine. La lumière d'humilité divine est la lumière qui a donné à la création visible la Lumière, et les ténèbres ne l'ont pas connue. Les ténèbres qui ne la recevront jamais seront balayées par le souffle divin et la lumière d'humilité divine éclairera la création visible tout entière lorsque les ténèbres auront été rejetées et disséminées au loin. La lumière d'humilité divine est la lumière qui éclaire les âmes des enfants de Dieu et elle les précède dans leur marche sur le chemin de la vie éternelle.

JEUDI 7 FÉVRIER 1991

Perfection de l'immolation divine

J'ai désiré être l'Agneau destiné à l'immolation afin de racheter l'humanité et l'élever à la Gloire de Dieu. J'ai offert la créature à Dieu dans le Sacrifice de la Croix et dans le Saint Sacrifice de la Messe afin de satisfaire à la

Justice de Dieu et attirer sur les créatures l'amour de Dieu. J'ai donné au monde ce qu'il ne pouvait obtenir, J'ai désiré la peine maximale à cause de la déchéance dans laquelle la création était tombée et J'ai encore désiré revêtir l'amertume, l'humiliation et l'abandon dans leur extrême et ultime degré. J'ai été le sacrifié et le sacrificateur, le justicier et le repris de justice, la victime et le victorieux. J'ai été la grandeur et la petitesse, la sainteté et la lie, le chef-d'œuvre de la création et le rebus de l'humanité. J'ai donné la vie au monde par la mort de la créature et J'ai obtenu la grâce divine par la condamnation humaine. J'ai apporté la paix et J'ai reçu la croix, J'ai apporté la bonté et J'ai été discrédité, J'ai apporté l'amour et la haine a marché à Ma rencontre. J'ai béni la créature qui a désiré venir à Moi et J'ai maudit la créature qui s'est détournée de Moi ; Ma bénédiction et Ma malédiction sont éternelles parce que les décrets de Dieu sont éternels et la sentence de Dieu est sans appel.

DIMANCHE 24 FÉVRIER 1991

La Joie divine

La Joie divine est la plus belle allégresse qui soit mais elle est inconnue des êtres de la terre et de tout le monde visible. La Joie divine est une Joie qui ne peut être comparée à une joie de la terre. Les joies de la terre sont des étincelles aussitôt éteintes de la Joie de Dieu qui est, à côté de ces étincelles, un brasier incandescent et en perpétuel embrasement. La Joie de Dieu est une Joie de l'Amour exceptionnel de la Très Sainte Trinité et des Trois Personnes de la Très Sainte Trinité l'une pour l'autre, l'une dans l'autre et l'une par l'autre. La Joie de Dieu est une Joie totale, profonde, permanente et inaccessible à la tristesse, qui n'y trouve pas sa place et qui n'y trouvera jamais non plus sa place. La Joie de Dieu est une Joie qui englobe l'œuvre divine à l'intérieur d'elle-même et elle achève l'œuvre de l'Amour en lui communiquant la vertu de l'Espérance d'un bien toujours présent, quoique encore impalpable, et elle étend cette belle vertu de l'Espérance à toutes les créatures de la création dans la vertu de Foi ou à l'extérieur de la vertu fondamentale de Foi, par l'attrait de la joie et du bonheur à tous les niveaux où ceux-ci peuvent s'expérimenter. Mais lorsque la Joie divine fait place, dans l'horizon de la créature, à la tristesse, à la déception ou à la désillusion totales et sans issue, alors la créature se tourne vers la mort par défaut de vertu d'espérance. La vertu d'Espérance est la vapeur qui fait avancer la créature vers Dieu, elle est le moteur de la vertu de Foi parce qu'elle amène à la foi la créature ignorante ou ignarde et lui procure, à son insu ou dans la ferveur de la Foi, une soif de bonheur et de paix intérieure.

Je suis le Seigneur et la Joie, c'est Moi. J'ai une Joie débordante en Mon Ame et toutes les âmes qui s'approchent de Moi sont contaminées par cette Joie qui les touche et les enflamme à leur tour. La Joie enflamme la Très Sainte Trinité, qui se donne à toutes les créatures qui Lui donnent leur être. Le don de l'être est le don qui lui procure la Joie divine car, dans l'échange «don de l'être - Joie divine», l'être est transformé et atteint de la maladie d'Amour divin.

MERCREDI 29 JANVIER 1992

La générosité de Dieu

J'ai tant de désirs à cause de l'Infinité divine et J'ai une Patience exemplaire à cause de la divine Perfection. J'ai le désir d'aimer et d'être aimé et J'ai la Patience d'attendre d'être aimé en aimant à la folie malgré l'attente, malgré la durée de cette attente et malgré, parfois, la désillusion divine.

Dieu est le Sachant tout et, bien qu'Il sache d'avance quel sera le choix de la créature à Son égard, Il agit envers elle comme s'il se fut agi d'une créature unique, de qui

Il peut tout attendre et tout supporter. C'est à cause de cet amour désintéressé et constant qu'Il donne des biens à profusion et qu'Il donne des biens matériels à ceux qui ne sont pas en état de recevoir des biens surnaturels. Et puis, à ceux qui prennent, Il donne encore et à ceux qui réclament, Il donne de même. Mais à Ses créatures qui désirent entrer en la connaissance de Son Amour, Il donne de préférence des biens surnaturels. Et puisque les biens matériels nuisent le plus souvent à la réception des biens surnaturels, Il donne par préférence des biens surnaturels au détriment de biens matériels, qui servent en général bien moins la cause divine que les biens surnaturels.

Lorsque la créature a besoin d'abord de biens matériels afin d'être en mesure d'accepter ensuite les biens surnaturels, Je les lui donne et puis les lui retire lorsque le moment est arrivé de la gâter de biens surnaturels. Mais lorsque la créature est dépossédée, elle est avide de retrouver de nouveaux biens et c'est alors que Je lui donne de préférence Mes grâces de résignation, de privation et de dépossession. La créature qui regimbe sous la houlette divine est décevante tandis que la créature qui accepte et qui s'en remet à la divine Providence pour ce qui lui semble être même le nécessaire, celle-là est déjà dans l'Amour céleste de Dieu.

MARDI 11 FÉVRIER 1991

La très grande Bonté de Dieu

Je suis le Bon Dieu, le très bon Dieu et le très bon Père de Mes enfants. Je prends vraiment soin de tout ce qui leur est nécessaire et de tout ce qu'ils Me confient. Plus l'enfant Me confie ses difficultés, plus Je les solutionne et lui donne en même temps les grâces nécessaires pour obtenir le Ciel.

Je suis le très bon Père, le très puissant Père, le très attentif Père des enfants qui se confient à Moi et les grâces particulières que Je leur donne sont innombrables. C'est ainsi qu'à certains, Je donne des dons spirituels, à d'autres des dons naturels et à ceux qui paraissent sans caractère particulier, Je leur donne de toute façon ce dont ils ont besoin pour marcher dans le chemin de la sainteté.

Je bénis ceux qui reconnaissent Ma Bonté, or cette Bonté divine est omniprésente, omnipuissante et directement prête à s'interposer entre les esprits du Mal et les enfants de Dieu. C'est ainsi que J'agis en permanence et lorsque le Mal semble vaincre, Je n'en demeure pas moins le grand Victorieux, et cette assurance doit être gravée dans le cœur de Mes enfants.

CHAPITRE II

Le comportement humain

MERCREDI 14 DÉCEMBRE 1988

La divine Providence

Je décide de tout. Je décide du cadre de vie de chaque âme pendant sa vie terrestre et Je la conduis par les circonstances et les événements de sa vie. Elle peut accepter ou refuser, elle peut faire fructifier ou elle peut détruire, mais elle n'a pas le pouvoir — qui est le Mien — de façonner ou de permettre les circonstances et les événements. C'est Ma joie et Mon bonheur de voir une âme prendre avec confiance et foi la route que J'ai prévue pour elle. C'est Ma peine et Ma douleur de voir une âme se rebeller contre toutes les saintes dispositions que J'ai prises pour elle et détruire Mon plan sur elle. Cette manière de faire de tant d'hommes et de femmes, qui Me connaissent mais qui ne veulent ni M'aimer ni M'être reconnaissants pour le soin attentif et aimant avec lequel Je veille sur eux, m'a cruellement touché dans Mes affections et dans Mes sentiments pendant Mon agonie et pendant Ma vie terrestre.

MERCREDI 28 DÉCEMBRE 1988

La divine Providence — Ingratitude des hommes

Je ne Me plais pas à dépouiller Mes créatures de ce que Je leur ai Moi-même donné. Non, Je ne donne pas pour reprendre mais si parfois, et même souvent, Je permets que Mes biens soient repris par les circonstances ou par la méchanceté des hommes, ce n'est que pour vous aider à Me faire le don de ce qui est vôtre comme Moi Je vous ai donné ce qui était Mien. Je vous ai donné Ma vie, Je vous ai donné Ma Mère, Je vous ai donné Mon Père, Je vous ai donné Mon héritage, Je vous ai donné le contrôle et l'usage de la planète qui est presque ruinée par votre mauvaise gestion et vous pensez encore que Je ne vous ai rien donné ! Je vous ai donné votre vie et par votre comportement vous condamnez celle de vos enfants.

Mes enfants, comme Je vous aime et comme vous êtes ingrats ! Comme Je suis peiné de votre indifférence et comme votre insouciance M'est pénible ! Je suis le Seigneur et vous êtes Mes créatures. Je suis votre Père et vous êtes Mes enfants. Je suis votre Frère aîné et vous êtes Mes frères. Je suis votre meilleur Ami et vous êtes Mes amis. Je suis venu chez les Miens et les Miens M'ont rejeté. Je suis venu chez Mes enfants et Mes enfants ne M'ont pas reconnu. Je suis venu chez Mes frères et Mes frères M'ont mis à mort. Je suis venu en ami chez Mes amis, ils M'ont chassé en ennemi mais Je suis resté leur ami. Par l'amour incomparable de votre Dieu, Je suis resté fidèle et Je n'ai pas retiré l'amour que J'ai donné à Mes créatures. Je ne retire pas ce que J'ai donné et J'ai donné Mon amour. J'ai donné Mon amour et Je donnerai toujours Mon amour. Ceux qui le connaîtront ne pourront se lasser ni se fatiguer de lui.

JEUDI 6 AVRIL 1989

Beauté et bonté initiales de la création

Je suis le Maître de la vie et de la mort et J'ai créé Mes enfants pour leur donner la vie et les sauver de la mort. Je suis Celui qui donne la vie et Je domine la mort. La vie est bénie de Dieu comme est béni tout ce qui est bon et beau. Le monde a été créé bon et beau et il a été béni de Dieu dans sa bonté et dans sa beauté. Il en est de même pour l'homme ; l'homme a été créé bon et beau, et bon et beau il serait demeuré s'il l'avait voulu. L'homme a rejeté le don gratuit que Dieu lui avait fait de la bonté et de la beauté, et il a détruit de même la bonté et la beauté de la nature et de tout le règne animal et végétal. L'homme est passé de la bonté originelle à la méchanceté et il est passé de la beauté originelle à la laideur. L'homme a détruit tout ce que Dieu lui a donné de bon et de beau mais Dieu lui redonnera la bonté et la beauté.

Depuis la première destruction, Dieu ne cesse de reconstruire ce que l'homme détruit et Il ne cessera pas de reconstruire jusqu'à ce qu'Il ait reconstruit la bonté et la beauté originelle. L'homme sera pris de vitesse par Dieu qui reconstruira la destruction plus vite que la destruction ne détruira la reconstruction et, lorsque cette destruction sera à son comble, Dieu renouvellera toute chose. Les hommes ne pourront rien face à l'ampleur de la destruction par laquelle ils mettront la terre à sac et ils ne pourront rien non plus face au renouvellement de toute chose. Ils se tourneront les uns vers le Ciel pour supplier Dieu de faire miséricorde et d'avoir pitié de leur affreuse détresse, et les autres vers le gouffre de l'enfer parce qu'ils ne voudront pas s'humilier ni reconnaître l'ampleur de leur faute et de leur présomption. Les hommes qui se tourneront vers le Ciel seront sauvés en leur âme et d'autres en leur âme et en leur corps, tandis que les hommes qui se tourneront vers le gouffre de l'enfer seront damnés ; la mort qu'ils se donneront ne sera pas l'œuvre de Dieu de même que la destruction de la création ne sera ni n'a jamais été l'œuvre de Dieu.

SAMEDI 24 JUIN 1989

La Parole de Dieu rejetée par les générations successives de l'humanité

Je parle et Je parlerai tant que le monde sera, Je suis le Verbe éternel et la Parole a créé le monde. Je donne au monde la Vie et dès le commencement, Ma Parole est. Les hommes qui croient pouvoir vivre sans l'expression de la vérité, du bien, de la sincérité et de la droiture se trompent. Le Verbe de Dieu est la Seconde Personne de la Sainte Trinité, intimement et Uniquement unie à l'Action de la Première Personne de la Sainte Trinité et à l'Amour de la Troisième Personne de la Sainte Trinité. Sans le Verbe, la Sainte Trinité ne peut être, de même qu'Elle ne peut pas non plus Se concevoir sans l'Action ou sans l'Amour. Le Verbe de Dieu a pris chair et S'est manifesté aux hommes en la personne de Notre-Seigneur Jésus-Christ, et Il a été rejeté et mis à mort ; et parce que ce n'est pas seulement la génération du Seigneur Jésus-Christ qui L'a rejeté et mis à mort mais les générations successives de l'humanité tout entière, celles-ci continuent à rejeter la Parole lorsqu'elle est vraie, bonne, sincère et droite dans la Vérité de la Foi, la Bonté de la Foi, la Sincérité de la Foi et la Droiture de la Foi.

Vérité, bonté, sincérité, droiture : par ces qualités et ces vertus, Mon peuple et Ma sainte Eglise ont marché à Ma suite. Mais quand les hommes d'église ont commencé à louvoyer avec la vérité et la droiture et qu'ils ont perdu leur sincérité et leur bonté, non seulement envers les leurs mais aussi et surtout envers Dieu, alors Satan est entré dans l'Eglise et il la mettra à mort comme il a mis à mort la Sainte Humanité du Verbe de Dieu.

Quand la mort visible et matérielle de l'Eglise sera advenue, c'et la Foi de Mes élus qui la maintiendra en vie et c'est par cette Foi que Ma Parole «les forces de l'enfer ne prévaudront pas contre elle» est véridique. Les hommes se trompent lorsqu'ils croient que l'institution humaine de l'Eglise est invincible. De même que les apôtres n'ont pas cru la mort de leur Maître possible, de même les serviteurs de Dieu ne croient pas non plus à la possibilité de l'effondrement de la structure visible de la sainte Eglise. Et de même que Je suis ressuscité et que Mes apôtres ont alors compris la réalité spirituelle de la vie que J'avais donnée au monde, ainsi lorsque l'Eglise ressuscitera, Mes serviteurs comprendront la réalité spirituelle de l'élévation du monde et de l'Eglise à la connaissance et à l'expérience de Dieu.

JEUDI 6 JUILLET 1989

Pourquoi Dieu permet l'ignorance

Quand viendra le moment de mériter le salut éternel et d'entrer pour toujours dans l'union totale à Dieu, vous vous réjouirez des épreuves, des peines et des labeurs qui vous auront mûris et préparés à partager un très extraordinaire bonheur. Le Ciel est peuplé d'Anges et d'hommes et de femmes qui ont aimé Dieu plus qu'eux-mêmes et Dieu le leur rend. Le Ciel est situé dans la zone spirituelle de la source de Vie et cette zone spirituelle est tellement riche de bienfaits divins et de biens impérissables qui nourrissent les âmes et les corps, que ceux qui peuplent le Ciel et le Cœur de Dieu ne se lassent jamais de toutes les beautés qu'il leur est donné de contempler, de tous les bonheurs qu'il leur est donné de vivre et de tous les effets divins qu'il leur est donné d'expérimenter.

Je partage Ma Vie en donnant la vie, Je partage Mon Amour en communiquant à la créature la faculté d'aimer et Je partage Mon Expression en donnant à Ma créature la parole. Je donne à la créature qui M'aime les attributs divins et par ces dons divins qui sont la vie, l'amour et la parole, Je lui donne de participer à Ma divinité. Et de même que les animaux ne peuvent pas agir, aimer et parler à la manière des hommes et que leur action, leur parole et leur amour ne sont que des embryons de l'action, de la parole et de l'amour humains, ainsi l'action, la parole et l'amour humains ne sont que des embryons de ce qu'ils sont pour les hommes et les femmes entrés dans le Ciel et présents dans le Cœur de la Vie de Dieu.

J'aime les hommes et les femmes qui sont parvenus au Cœur de Ma Vie, d'un amour si grand, si profond, si large et si divin que les hommes et les femmes de la terre ne peuvent pas soupçonner l'étendue et la teneur de cet amour. Les hommes et les femmes de la terre sont tellement ignorants de la merveilleuse réalité de Dieu qu'ils mourraient de tristesse et de détresse s'ils savaient dans quel état ils se trouvent et dans quel état ils se mettent par pure ignorance et, malheureusement, par absence de vouloir connaître ce qui leur serait donné de connaître s'ils cherchaient ne fut-ce qu'un petit peu. Je permets que cette ignorance soit, parce que les hommes et les femmes qui ne veulent pas rester enfermés à l'intérieur des barrières de cette ignorance, sont des phares et des paratonnerres qui secouent plus sûrement cette ignorance et la clouent plus manifestement au pilori que si l'ignorance était moins généralisée. Bien des êtres se sont convertis à cause de l'exemple de ceux qui avaient reçu la grâce d'une plus grande connaissance de Dieu, tandis que d'autres se sont endurcis. Il en a été de même pour les hommes et les femmes qui M'ont connu et approché lors de Mon vivant sur la terre : les hommes et les femmes qui se sont convertis sont devenus à leur tour des phares et des paratonnerres et ils ont été la cause d'autres conversions et d'autres enrichissements, et ainsi de suite.

Si, par disposition divine, l'ignorance n'avait pas été permise, la liberté de se convertir, la liberté de rechercher la vérité et la liberté de briller comme un phare par une vie vertueuse tournée vers l'amour de Dieu, auraient été entravées.

Je permets encore cette ignorance parce que la connaissance est un si grand bienfait divin que l'être humain doit désirer l'acquérir et la connaître ; par ce désir, il cherchera à plaire à Dieu et cette disposition d'âme le rendra aimable à Dieu.

Enfin, Je permets l'ignorance parce que Ma Toute-Puissance éclatera aux yeux des hommes avec d'autant plus de consternation et de stupéfaction qu'elle aura été incomprise et inattendue, tandis qu'elle serait moins riche en grâces si elle était attendue, comprise et cependant non désirée.

Toutes Mes dispositions ont leur raison d'être, qu'elles soient comprises ou non par la faible intelligence humaine, parce qu'elles sont saintes et divines. Je condamnerai implacablement les âmes de ceux qui n'auront pas aimé l'Amour ; Je condamnerai implacablement ceux qui n'auront pas voulu reconnaître l'Amour et Je condamnerai implacablement ceux qui ne se seront pas rendus à l'évidence de l'Amour.

JEUDI 17 AOÛT 1989

Le Mal : action de la créature

Je suis le Maître du monde et par Moi, tout est. Je suis le Créateur de tout ce qui est et Je suis le Souverain Bien. J'aime Ma création et Je ne la laisserai pas détruire par celui qui est porteur de mort. Je suis la Vie et Je suis l'Amour. Je suis le Bien, et le Mal ne peut atteindre la grandeur et la force du Bien. Le Bien est la Vie, le Bien est la Lumière, le Bien est la source de l'Action divine. L'Action divine est toute-puissante et le Mal est inférieur à elle autant que la créature est inférieure à son Créateur. Cependant, le Mal n'est pas issu de l'Action divine, le Mal est né de l'action de la créature. Or, la créature est inférieure au Créateur dans la même proportion que le rien est inférieur au tout, que le Mal est inférieur au Bien. C'est pour cela que le Bien triomphera du Mal. Et si le Mal paraît triompher du Bien, c'est parce que l'action de la créature est dans la création visible tandis que l'action divine domine la création visible et invisible. Je suis le Créateur et Ma création est l'œuvre de l'Action divine. La création est l'œuvre du Bien et la créature est l'œuvre du Bien. Le Bien est le moteur de tout ce qui est, et il ne peut être défait par l'action de la créature. Le Bien dirige la création et le Mal qui est à l'intérieur de la création, à cause de l'action de la créature, ne change rien au Bien dont il est l'inférieur. Le Bien le laisse agir afin de respecter la liberté qu'Il a donnée à Sa créature et Il laisse le Mal envahir la création visible afin de le laisser grandir pour l'arracher plus sûrement et plus radicalement que s'il était diffus et moins perceptible. Le Mal, tel une plante vénéneuse, sera arraché et jeté au feu éternel lorsqu'il sera parvenu à maturité et qu'il ne se confondra ni avec les plantes voisines ni avec les fleurs belles et florissantes qu'il aurait voulu étouffer s'il avait pu régner sur l'Action divine.

Et Moi, le Seigneur, Dieu et Maître de toute chose, Je déclare la guerre au Mal parce que le temps de l'extirper de Ma création est arrivé et c'est Moi qui ouvre les hostilités. C'est Moi qui ferme les portes de Ma forteresse et c'est Moi qui ouvre le feu. C'est encore Moi qui culbuterai Mes adversaires et c'est Moi qui renouvellerai la création. Le temps est mûr, le temps est arrivé pour manifester Ma puissance et Ma colère. Le temps est arrivé et Je ne tarderai pas.

JEUDI 8 FÉVRIER 1990

Reconnaissance et fidélité de Dieu

Je Me donne à Mes enfants et Je les enveloppe dans l'amour de Mon Sacré-Cœur. Je suis le Père infiniment bon, Je suis le Frère infiniment compréhensif, Je suis l'Amour infiniment aimant. J'aime et Je sauve, J'aime et Je donne, J'aime et Je prends en Mon amour tous ceux qui veulent M'aimer et qui M'aiment.

Je permets que l'humanité soit éloignée de Mon amour et cet éloignement M'est une douleur intense. J'ai exprimé cette douleur sur la croix et, dans Ma souffrance, J'ai reçu du vinaigre. Oui, c'est ainsi que les hommes traitent leur Dieu et c'est ainsi que J'ai été traité. Je leur donnai Ma vie et l'amour divin, et Ils M'ont rendu leur mépris et leur dédain. Je les ai aimés jusqu'à la mort et ils ont hâté Ma mort. Je leur ai donné la vie et ils la rejettent tout en l'ayant reçue. Je Me donne cependant à ceux qui Me reçoivent et Mon amour est si grand pour ceux qui ne Me trahissent pas que Ma récompense est leur plus grand bonheur. Je les aime pour ceux qui ne M'aiment pas et Mon amour pour eux est doublé de la reconnaissance de Dieu. La reconnaissance de Dieu est une fidélité extraordinaire, la reconnaissance de Dieu est exemplaire ; elle s'exerce dans toutes les circonstances de la vie des Miens et elle englobe tous leurs actes dans un acte de divin amour. Les actes d'amour et les actes de fidélité des Miens sont le baume qui adoucit la douleur de Mes plaies et la reconnaissance de Dieu pour cet adoucissement est éternelle.

Je suis le Maître du monde et la reconnaissance du Maître du monde est le plus grand bien. La reconnaissance du Maître du monde est une protection très puissante et très réelle. Oui, Je protègerai les Miens contre les maux qui leur seraient fatals, Je les préviens par Ma voix et par Ma Providence, J'écarte d'eux les maux et les dangers auxquels ils ne pourraient pas échapper eux-mêmes. Je permets la souffrance dans la mesure où elle est utile au salut et à la sanctification de l'âme de Ma créature, et Je permets la tentation à la mesure de la force de Ma créature. Je lui donne alors les grâces nécessaires pour surmonter la souffrance et la tentation afin de se détacher de l'attrait du monde et de bien des chaînes et de s'élever vers la contemplation des biens et des liens d'amour divin.

MERCREDI 28 FÉVRIER 1990

Le chemin de la sainteté

La vie éternelle est la vie en Dieu et elle commence dès que l'âme a besoin de se complaire en Dieu. Le besoin qui pousse l'âme à rechercher le plaisir de Dieu plutôt que le sien, est l'engrais qui donne à l'âme la force de sanctification. La bonne volonté de l'âme est le premier pas dans le chemin de la sanctification mais à elle seule elle ne suffit pas parce que l'âme doit encore être volontaire et désirer marcher dans le seul et unique chemin de la vérité. Le chemin de la sainteté est un chemin solitaire et cependant riche en possibilités de faire le bien au prochain et de se dépenser pour lui sans compter. Le chemin de la sainteté est un chemin rempli d'embûches et bien raide à monter. Le chemin de la sainteté est déroutant pour de nombreuses âmes à cause des difficultés qu'elles rencontrent à tout moment et qui les surprennent à tout instant. Le chemin de la sainteté est le chemin de croix du Sauveur et le chemin de croix de toutes les âmes qui veulent marcher à Ma suite. Le chemin de la sainteté est l'unique chemin pour parvenir à la vie éternelle et la vie éternelle est la merveilleuse récompense de ceux qui parviennent au bout de ce chemin.

MERCREDI 18 AVRIL 1990

Bonté de Dieu et indignité des hommes

Les hommes et les femmes de la terre seront très rudement châtiés à cause de leur manque de modestie et de la négligence volontaire qu'ils affichent dans leurs vêtements et dans leur tenue. La dignité est une vertu très riche et très féconde mais l'indignité par contre est stérile et inféconde. Les hommes et les femmes indignes sont très nombreux et c'est leur indignité qui attire la colère de Dieu sur la terre tout entière. Les hommes et les femmes de la terre ne seront pas coupables d'avoir tenté la bonté divine, mais ils sont coupables d'avoir tenté Sa patience.

La bonté de Dieu est intacte et elle ne souffrira pas de la méchanceté des hommes parce qu'elle domine le mal et tous les maux. C'est elle qui aime, c'est par elle que l'amour divin sauve, c'est encore elle qui pardonne. C'est elle qui est miséricordieuse et elle est bonne infiniment. Elle est de tous les temps et hors du temps, elle est dans le temps et devant tous. Elle assiste à tout et elle prévient tout, elle n'est jamais prise par surprise parce qu'elle est parfaite et parce que tout se passe en elle et par elle. Les actions bonnes sont récompensées par elle, les actions moins bonnes sont purifiées par elle. Les actions mauvaises sont dominées par elle et les hommes demeurent à travers elle. La bonté de Dieu est une protection, une armure, une défense, un secours. La bonté de Dieu est le roc de la divine grâce, elle est la source du divin amour. La bonté de Dieu est le plus beau don ; lorsque Dieu donne Son amour, Il donne la bonté divine et la créature ne soupçonne pas de quel bienfait elle est la très heureuse bénéficiaire.

JEUDI 19 AVRIL 1990

Dieu a besoin des hommes

Dieu a besoin des hommes pour toutes les tâches qu'Il leur attribue mais Il ne les leur attribue que parce que c'est Lui qui agit par eux, en eux et malgré eux. Les hommes qui acceptent les tâches qui leur sont attribuées font plaisir à leur Maître par le plaisir qu'ils retirent de participer à l'œuvre du Maître tout en étant bien incapables de l'exécuter sans la présence agissante du Maître. La grâce de participer à l'œuvre du Maître est une grâce donnée à tous les enfants de Dieu et les enfants qui la reçoivent avec générosité et avec amour sont bien-aimés du Seigneur. Ceux qui ne la reçoivent qu'avec des sentiments d'obligation et de devoir sont aussi bien-aimés de Dieu parce que leur cœur est soumis à Sa volonté et la joie qui leur manque leur sera donnée en récompense. Et puis, il y a encore les enfants de Dieu qui désobéissent à la volonté du Maître ou qui, non seulement Lui désobéissent mais encore L'insultent et Le diffament ; ceux-là sont exclus de toute participation à l'œuvre du Maître à cause du mal qu'ils occasionneraient au chef-d'œuvre divin ; mais le mal qu'ils occasionnent dans le temps est utilisé par le Maître pour affiner le travail de Ses bien-aimés et pour leur donner le goût de ne pas tomber eux aussi dans le mal.

MERCREDI 16 MAI 1990

Nécessité de servir son usage

Je Me donne à Mon instrument et Mon instrument n'a pas d'autre usage que celui pour lequel Je l'ai créé. Mon instrument est libre de travailler ou de ne pas travailler pour son Créateur mais s'il ne travaille pas, il ne sert pas son usage ; il ne fait alors pas son rôle et il n'est plus bon à rien. Les hommes et les femmes ont ainsi tous leur rôle et leur fonction à remplir librement et ceux qui ne le font pas ne servent pas leur usage. Les hommes, les femmes et les enfants qui ne servent pas leur usage ne Me connaîtront pas et ne Me serviront pas non plus dans le monde invisible. Les hommes, les femmes et les enfants qui ne servent pas leur usage ne servent pas non plus leur propre existence et ils se damnent pour leur très grand malheur. Priez pour tous ces hommes, ces femmes et ces enfants qui ne servent pas leur usage afin que Je les aie déjà dans Ma Miséricorde. La Miséricorde de Dieu est un si grand attribut divin et elle est si miséricordieuse que tant et tant d'âmes, qui se sont virtuellement damnées, trouvent encore le chemin de la vie éternelle. Les hommes, les femmes et les enfants qui ne servent pas leur usage ne béniront et ne loueront leur Dieu que par la prière et les supplications de ceux d'entre Mes enfants qui invoquent Ma très grande et très sainte Miséricorde.

VENDREDI 11 JANVIER 1991

Dieu est incomparable

Je bénis les hommes d'église et Je bénis ceux d'entre eux qui désirent être de bons et loyaux serviteurs. Je désire leur concours et leur docilité dans la tâche que Je leur ai confiée et J'ai besoin de Mes serviteurs et de Mes servantes comme un Maître a besoin d'eux.

J'ai donné à la sainte Eglise la tâche d'enseigner les nations, de témoigner de Ma Grandeur, de Ma Souveraineté, de Ma Majesté et de Mon Amour, mais les hommes d'église ont dénaturé la Grandeur de leur Dieu, ils ont minimisé Ma Souveraineté, ils ont rabaissé Ma Majesté et ils ont bafoué Mon Amour en l'humanisant alors que l'humanité est déchue et que la Bonté, la Douceur et la Miséricorde de Dieu se sont penchées sur elle seulement pour l'élever à Elles mais non pour s'abaisser à devenir égales à la déchéance.

CHAPITRE III

LA VIE SURNATURELLE

MERCREDI 13 JANVIER 1988

Gravité du péché d'Adam et Eve

Adam et Eve avaient un parfait contrôle de leur matière corporelle avant de témoigner malhonnêtement et injurieusement à Dieu de leur révolte et leur insoumission à Ses Lois.

En effet, le péché d'Adam et Eve a été si grave parce qu'ils ont voulu, comme Lucifer, s'approprier le pouvoir créateur que Dieu leur avait confié non pas en propriété personnelle mais en collaboration étroite avec la Volonté divine. Et si Adam et Eve n'avaient pas essayé de voler à Dieu le pouvoir de créer la matière corporelle, les hommes ne seraient pas dominés à leur naissance par la concupiscence et l'attrait du plaisir des sens qui sont la vue, l'ouïe, l'odorat, le toucher et le goût. Le démon, qui s'était rendu maître des puissances de l'âme par l'attrait des sept péchés capitaux, leur a inspiré la même envie de se rendre maîtres des cinq sens corporels ; et en voulant s'en rendre maîtres, ils s'en sont rendus esclaves. Le démon s'en est réjoui à tel point qu'il a alors envahi la Terre en une ronde infernale et pris le gouvernement des éléments que Dieu avait confié à Ses Anges. Et les Anges se sont retirés de la création, devenue un objet d'horreur aux yeux de Dieu mais de très grande pitié aussi. Car Dieu, dans Son immense Miséricorde et Son inépuisable Bonté, a eu pitié de l'humanité qui naîtrait dans cette déchéance double, celle de l'âme et celle du corps.

Dieu décida alors de renouveler toutes choses ; d'abord l'âme qui, la première, était devenue prisonnière des griffes de Satan. Il lui rendit sa beauté par les sacrements de Baptême et de Pénitence, Il la confirma dans cet état par le sacrement de Confirmation, Il la nourrit par le sacrement de l'Eucharistie, Il la conduisit par les sacrements de l'Ordre et du Mariage, et Il la protégea par le sacrement de l'Extrême-Onction. La transformation du corps doit se faire dans un deuxième temps car le péché de vos premiers parents se fit également dans un deuxième temps. J'ai sauvé les âmes dans la souffrance et l'ignominie parce que le démon a péché contre Moi dans l'orgueil de sa beauté et la fierté de son renom parmi toute la cour céleste, et Je sauverai les corps dans l'amour et la puissance, parce que le premier homme et la première femme ont péché contre Moi dans la lâcheté et la faiblesse.

MERCREDI 3 FÉVRIER 1988

Le bonheur des saints

Le bonheur extraordinaire des saints est le commencement de la réalité de leur être et le but atteint après une longue mais si courte maturation de leur âme. Cette opposition est intentionnelle car l'éternité ne peut souffrir de comparaison avec le fini ; et si l'âme doit vivre éternellement, elle n'est cependant pas éternelle car elle a eu un commencement. Elle vivra dans une apothéose de lumière et de joie intérieure et se fondra toujours plus profondément dans la connaissance de l'Amour de Dieu dont personne ne pourra jamais en connaître ni la hauteur, ni la largeur, ni la longueur, ni la profondeur. Plus elle s'enfoncera dans le cœur de cet amour, plus elle sera stupéfaite dans son admiration et plus elle découvrira des trésors de bonté, de délicatesse, de compréhension, de fidélité, de tendresse et de gaité. Elle sera tellement émue par cette profusion de merveilleux amour qu'elle essaiera de rendre le plus d'amour possible et, dans l'échange invraisemblable de chaque âme avec l'Amour illimité et incommensurable, elle assistera, étant tout à la fois partie prenante et spectatrice, à un vibrant carrousel où le Père, le Fils et l'Esprit s'étreignent et embrassent à l'intérieur de leur étreinte la totalité de la création parvenue au faîte de sa maturité.

DIMANCHE 24 AVRIL 1988

Miséricorde de Dieu au jugement particulier

Je suis très miséricordieux et infiniment enclin à la pitié. Si une âme est encore disposée à reconnaître ses fautes alors qu'elle a déjà quitté le corps et que celui-ci est vraiment mort, Je lui pardonne encore lorsque, effondrée et repentante devant la Majesté et la Souveraineté parfaite et éternelle de Dieu, elle s'accuse des fautes qu'elle aurait normalement dû accuser de son vivant sur la terre. Dans ces cas rares mais non exclus, Je réponds à la créature dans la Justice divine qui ne condamne pas une âme repentante mais qui ne la dispense pas non plus de l'obligation d'expier ses erreurs et ses fautes dans la rigueur de la pénitence et dans la sévérité de la punition qu'elle mérite.

La Miséricorde est le plus grand attribut divin mais, parce qu'elle s'exerce avec la Justice et que ces deux attributs ne s'opposent jamais, la parfaite Miséricorde et la parfaite Justice détiennent ensemble les jugements divins.

Je dis cela pour que les hommes ne s'étonnent plus de la grandeur, de la profondeur, de la largeur, de la longueur et de la hauteur de l'infinité de Ma Miséricorde.

MERCREDI 30 NOVEMBRE 1988

Perfection de la Justice divine

Ma volonté domine le monde. Elle domine les volontés humaines et elle domine malgré elles. Elle se sert des volontés humaines pour agir par elles dans le bien et pour manifester sa Toute-Puissance par elles dans le mal. C'est ainsi que le démon très fort et très puissant sera foulé aux pieds de Ma Toute-Puissance par sa propre action destructrice. Par Ma Toute-Puissance, J'interviendrai pour confondre le mal et rétablir le bien.

J'ai dit de Mon vivant sur la terre : il faut que le scandale arrive mais malheur à celui par qui il arrivera. J'ajoute de la même manière : malheur à ceux qui ne se seront pas tenus à l'écart de ceux qui scandalisent. Les âmes des faibles reçoivent la très grande grâce de la miséricorde de Dieu et les âmes qui ont pris leurs responsabilités récolteront les conséquences de leurs actes. C'est ainsi que Je juge Mes créatures et la Justice de Dieu est infiniment parfaite. Elle est parfaite dans sa Justice, elle est parfaite dans son Amour et elle est parfaite dans sa Miséricorde. Elle ne se trompe pas. L'âme jugée reconnaît la parfaite Justice, le parfait Amour et la parfaite Miséricorde qui ont présidé à son jugement. L'âme connaît sa responsabilité lorsqu'elle est dépouillée de tous les artifices de la terre. Elle se voit dans sa réalité, telle que Dieu la voit, et elle ne peut plus se cacher derrière des excuses ou de fausses justifications.

MERCREDI 26 AVRIL 1989

Le sacrement de pénitence et le repentir

Le sacrement de pénitence est l'acte officiel qui relie la créature à son Créateur tandis que le repentir est le pardon officieux et sans témoin du Créateur à Sa créature. Le sacrement blanchit l'âme de la créature aux yeux de tout le monde visible et invisible, tandis que le repentir est un acte privé qui rend la créature de nouveau aimable à son Créateur, mais à l'insu du monde visible et invisible. Et si la créature vient à mourir dans cet état de repentir et dans cet état seulement officieux, les Anges et tous les Saints sont dans l'angoisse tant que l'âme n'a pas été jugée et reconnue officiellement digne du regard de Dieu. Pendant ce temps d'angoisse, les Anges et les Saints n'osent pas manifester leur sympathie et leur amitié à cette âme, et celle-ci est cruellement déçue par l'absence d'accueil et d'amitié qu'elle rencontre en ses premiers instants d'éternité. Elle est prise alors, elle aussi, d'un sentiment d'angoisse et d'appréhension à l'idée d'être rejetée par la sentence divine dans les ténèbres de l'Enfer.

La Mère de Dieu est l'unique créature à qui Dieu découvre l'officieuse réalité ; elle est la seule qui ose alors réconforter la pauvre créature atterrée et angoissée. La Mère de Dieu est si bonne, si tendre et si réconfortante que la créature repentie reprend confiance et courage, et c'est accompagnée de la précieuse présence de la Mère de Dieu que la créature ose enfin se présenter devant son Juge et Créateur. Et lorsque Dieu, devant toute la cour céleste, lui pardonne ses péchés non confessés, les Anges et les Saints et les âmes du Paradis et du Purgatoire se réjouissent et battent des mains dans une allégresse et une joie inexprimable car une âme est sauvée pour l'éternité.

JEUDI 22 JUIN 1989

Amour de Dieu : source de vie et de bonheur

J'aime les hommes avec un amour tel que personne, sinon ceux qui en reçoivent la lumière par une grâce très spéciale, ne peut en soupçonner la profondeur. L'amour de Dieu est la force motrice du monde invisible et du monde visible. Cet amour est très puissant et très pénétrant. Il pénètre la matière et par sa force il lui donne la vie ; il pénètre l'invisible et lui donne l'éternité. L'amour de Dieu est source de vie, il est source de bonheur, il est source d'intelligence. Quand une créature s'abandonne à l'amour de son Créateur, elle reçoit de Lui la vie éternelle, le bonheur éternel et la compréhension de l'amour vivifiant, bénissant et sanctifiant.

Quand une âme entre en Mon amour, elle est aspirée vers les sommets de l'amour divin ; elle ne peut que s'abandonner de plus en plus à la volonté divine, qui l'aime et qui le lui manifeste en son âme d'une manière si perceptible et si douce qu'elle en mourrait si l'Auteur de la Vie ne lui donnait pas, par Son Amour, la Vie.

JEUDI 22 JUIN 1989

Amour de Dieu pour ceux qui respectent la vie

Je suis l'Auteur de la vie. Les hommes et les femmes qui sont Miens ne se perdront pas parce qu'ils respectent la vie que Je leur ai donnée, la vie qui les entoure et la vie que Je leur ai donné de transmettre. Les hommes et les femmes qui Me rejettent prennent ce que Je leur donne et ne sont pas reconnaissants du don de la vie que Je leur ai donné et confié. Ils le prennent comme un dû et en usent comme un bien propre. Les hommes et les femmes qui agissent ainsi sont des enfants d'Eve, c'est-à-dire des enfants qui veulent décider eux-mêmes du Bien et du Mal ; à ceux-là, il ne sera pas donné autre chose qu'à Eve, c'est-à-dire la mort. Les hommes et les femmes qui, au contraire, sont respectueux de la vie et du don de vie que Je leur ai confié, sont les enfants de Marie ; comme elle, ils recevront la Vie éternelle et la Gloire éternelle. Je bénis les enfants de Marie et Je les aime. Je les aime d'un amour qui leur donne la Vie et Je les aime d'un amour de père, de mère et de frère très cher. Je les connais et Je les aime, Je leur donne la vie et Je leur donnerai de participer à

Ma Vie. Ma Vie est une vie de bonheur, de tendresse, de joie profonde, et personne sur la terre ne peut imaginer le monde féérique et divin de la Vie divine.

JEUDI 22 JUIN 1989

Bonheur et brillance de l'âme dans le Ciel

Le plus grand bonheur des âmes qui sont au Ciel est le bonheur invraisemblable de la connaissance de Dieu. Dieu est connu de Ses Saints et ils ne se lassent pas d'entrer toujours plus profondément dans cette connaissance. La connaissance de Dieu est le plus grand bonheur des élus parce que la richesse de Dieu est infinie. Il est bon et tellement parfait et diversifié, que chacun trouve en Lui la joie d'être compris, aimé et considéré dans l'épanchement d'un amour total, personnel et extraordinairement joyeux. Cet amour donne à l'élu une perfection que seul peut avoir celui qui reçoit en lui cette perfection.

Dieu communique Sa perfection et l'élu est transparent de la perfection de Dieu. Son corps brille de cette perfection et la couleur de son corps dépend des qualités qui lui sont propres. Ainsi, les couleurs et la brillance des corps seront la marque de leur personnalité distincte, et c'est en Dieu qu'ils puiseront leur brillance, leur ton et leur luminosité. Les couleurs sont d'une si grande variété que personne n'est semblable mais tous sont dissemblables. Les tons peuvent être bleus, verts, jaunes, rouges et blancs, et de bien d'autres tons inconnus de la terre, mais les couleurs telles que le brun, le gris et le noir sont inexistantes. Ces couleurs existent sur la terre à cause de la matière qui est appelée à disparaître et à mourir. La terre est proche des sphères invisibles de purification, de pénitence et même de détresse, et c'est parce qu'elle-même n'est pas à l'abri de la destruction éternelle qu'elle contient des couleurs qui n'entreront jamais dans la Vie éternelle.

MERCREDI 28 JUIN 1989

Le Paradis terrestre

Par Moi, l'univers et le monde invisible ont été créés. Que Ma volonté soit faite sur la terre comme au ciel. Je prends Ma création sous Ma protection et Je ne permettrai pas que le démon Me l'enlève. Je ne permettrai pas que le mal triomphe, et J'élèverai Ma création vers les sommets auxquels Je l'ai destinée depuis sa création. Je ne perdrai pas le fruit de Mon amour et, de même que le Fils de Dieu est mort pour donner la Vie, ainsi la création doit elle aussi paraître mourir pour revêtir la vie telle qu'elle aurait dû l'avoir si les mauvais Anges ne s'étaient pas révoltés contre la Puissance de Dieu et si les hommes n'avaient pas participé eux aussi à la perturbation du plan divin.

Il Me tarde d'élever Ma création et de lui rendre sa beauté prévue. Le paradis terrestre était un coin préservé et c'est le premier homme et la première femme qui l'ont détérioré. Le paradis terrestre était préservé de la puissance du mal et la nature se réjouissait de sa beauté. Le paradis terrestre aurait pu s'étendre sur toute la surface de la terre si l'homme ne s'était pas fait prendre par le démon. Le paradis terrestre a subi l'assaut des influences du mal mais il aurait pu au contraire étendre ses bonnes influences et changer progressivement la face de la terre. Les Anges auraient combattu devant les hommes et les auraient protégés et défendus. Par leur péché, Adam et Eve ont, au contraire, donné leur concours aux démons qui se sont précipités pour détruire et saccager le bien, et le réduire à néant.

Le paradis terrestre était un lieu sur la terre qui avait été gardé intact et où les influences du mal n'avaient aucune prise. Le paradis terrestre était destiné à s'étendre et à prendre une étendue qui couvrirait toute la surface de la terre, et les frontières du paradis terrestre étaient défendues par les Anges. Le paradis terrestre était riche de plantes et de végétation, et les fleurs couvraient la terre en bouquets ravissants et colorés. Bien des animaux avaient trouvé refuge dans cette zone bénie, ils y étaient à l'abri des maladies et des agressions et, puisque les Anges protégeaient les frontières, ils ne permettaient pas aux animaux agressifs de pénétrer dans le paradis. Les animaux du paradis ne mouraient pas mais, quand le temps de quitter le corps était arrivé, leur âme s'envolait de leur corps pendant leur sommeil et les animaux endormis ne se réveillaient pas.

Quand la destinée de l'homme était encore promise au bonheur terrestre et à la sainteté parfaite, les animaux et la vie végétale se partageaient le paradis dans une harmonieuse et très parfaite entente. Les animaux ne se nourrissaient que de la végétation parvenue à maturité et ayant essaimé. Les animaux étaient très attentifs dans le choix de leur nourriture et la vie végétale ne subissait aucune destruction dans ses parties naissantes ou florissantes. Elle servait de nourriture dans sa partie éteinte et ne souffrait pas de cette ordonnance. Par contre, lorsque les Anges furent chassés du paradis terrestre du fait du péché, les démons ne protégèrent pas la végétation naissante et florissante ; ne survécurent plus que les plantes et les fleurs que Dieu ne permit pas aux démons de saccager.

Il en est de même aujourd'hui : les plantes et les fleurs qui se reproduisent et qui parviennent à traverser le cycle de leur vie, ne le peuvent plus sans la protection de Dieu qui use de Sa Puissance et de Son Autorité pour les préserver.

MERCREDI 1er NOVEMBRE 1989

Le Paradis, le Ciel

Je donne Mes paroles à la terre et Mes paroles ont la vie en elles. Je suis le Verbe de Dieu. Je suis la Vie et Ma Parole est éternelle. Je suis l'Eternel et Je donne la vie éternelle. Je suis la Gloire et la Vie. Je suis la Gloire de l'Eternité et Ma Vie est Ma Gloire. Ma Gloire est Ma Vie et les Saints du Ciel ont part à Ma Gloire parce qu'ils participent à Ma Vie. La Gloire de la Vie divine est difficile et même impossible à imaginer mais les mots pour la décrire peuvent être assemblés.

Je te précède, suis-Moi. Je t'introduis [en esprit] dans le Paradis et vois ce qui se présente à toi. Vois ces arbres aux mille couleurs et aux fruits savoureux. Vois la nature luxuriante et parfaitement harmonieuse, où l'herbe et les arbustes se partagent la surface du sol sans se la disputer. Vois les animaux et les oiseaux qui ne s'enfuient pas à ton approche mais qui, au contraire, t'accueillent de leurs regards et de leurs manières. Vois le ciel et les nuages blancs qui colorent le firmament sans jamais s'aventurer devant le soleil afin qu'il réchauffe et donne sa lumière sans se voiler jamais. Enfin, vois les hommes, les femmes et les enfants ; ils vivent comme ils auraient dû vivre sur la terre parce que le monde visible avait été créé sur le même modèle que le monde invisible et le passage de l'un à l'autre devait se faire sans heurt et sans coupure.

Les hommes, les femmes et les enfants du Paradis vivent en société et leurs regards ne quittent pas la Lumière éternelle. Ils ne vivent que dans l'attente de l'union totale à Dieu et l'attente de cette heure les comble d'une joie d'espérance profonde. Chaque âme est réchauffée par la lumière qui n'est autre que le Verbe de Dieu, et chaque Parole la nourrit et la ravit tout à la fois. Chaque âme est éclairée par le Feu divin et l'Amour qui l'éclaire de l'intérieur et de l'extérieur, la plonge dans un ravissement à la mesure de sa sainteté. Chaque âme est fortifiée par la Puissance de Dieu et elle ne se laisse aller à aucune paresse, aucun égoïsme, aucune passion ; son unique passion est l'accomplissement de la Volonté de Dieu et cette passion-là est sa force. Chaque âme a sa fonction à remplir dans la société dans laquelle elle a été placée et elle travaille pour le bien de tout son entourage. Les tâches sont nombreuses et variées mais les tâches qui tendraient comme sur la terre à subvenir aux nécessités matérielles, n'existent pas au Paradis. Le nécessaire lui est donné directement par Dieu et les tâches de l'âme tendent toutes à connaître, servir, aimer et louer Dieu qui la remplit de bonheur et de joie. L'approfondissement de la connaissance de l'amour de Dieu est une des activités principales et, de même que l'approfondissement de la connaissance du monde est une activité terrestre, ainsi l'approfondissement de la connaissance des merveilles de l'amour divin est une activité principale de la société des âmes du Paradis. L'amour divin est connu en même temps par les sentiments et par l'intelligence, et les joies de l'intelligence, nourrie de connaissances et d'expériences nouvelles, se renouvellent sans cesse. Les âmes se communiquent les unes les autres leurs découvertes et leurs expériences pour le plus grand bienfait de chacune. Et c'est ainsi que chaque âme est emportée, au fil du temps de l'éternité, toujours plus haut vers la Lumière et toujours plus profondément dans la connaissance d'un amour extraordinaire, qui l'émerveille toujours plus et qui augmente en elle prodigieusement.

Le Paradis est le lieu de sanctification des âmes pures et sans tache, et leur état immaculé leur donne la présence visible de Dieu. La vision de Dieu se produit en leur âme, c'est-à-dire de l'intérieur vers l'extérieur. Au Ciel, la vision de Dieu est tellement éclatante que l'âme ne la contient plus en elle-même ; elle déborde à l'extérieur de l'âme, dans un débordement tel que l'âme est immergée et inondée, à l'intérieur et à l'extérieur d'elle-même, de lumière, de bonheur, d'amour, de joie et de beauté. La lumière divine n'est plus le soleil qui les réchauffe et les éclaire : les âmes glorieuses se meuvent en elle, se nourrissent en elle et s'aiment en elle. Les Saints sont ainsi revêtus de soleil et la lumière divine est leur lumière. Ils réfléchissent la lumière divine, ils sont des soleils, eux-mêmes au service du Soleil, portant le Soleil partout avec eux ; et ce Soleil porte en Lui toutes les grâces, tous les dons, tous les éléments de vie et de bonheur divin. Les Saints sont intégrés à Dieu ; les dons et les attributs divins sont les leurs. Ils vivent en la réalité divine et ils portent Dieu en eux parce que leur union avec Lui est totale. Ils sont à ce point en Dieu qu'ils en ont la Sagesse, la Beauté, la Lumière et l'Amour. Ils ont l'Intelligence et les dons de l'Esprit divin dans leur perfection divine, et Dieu se donne à eux totalement.

Les Saints et les Anges participent à l'Œuvre créatrice de Dieu, leur action est très réelle et très dévouée. Leurs tâches sont individualisées et leur action est issue de leur volonté. Ils sont actifs et très créatifs, et Dieu les conduit. Leur autonomie est parfaite et leur diversité est à la mesure de la diversité de Dieu. C'est parce qu'ils sont revêtus de Dieu que leur intercession est si puissante ; c'est parce que Dieu est en eux — le Créateur en la créature arrivée au sommet de l'union — qu'Il ne leur refuse rien, qu'Il les aime et les exauce dans leurs moindres désirs.

JEUDI 28 DÉCEMBRE 1989

Le monde invisible

Le monde invisible englobe le monde visible, il est en lui et en dehors de lui. Le monde invisible est le but du monde visible et tout le créé est destiné à entrer et à être dans l'incréé. Le monde invisible est créé par Dieu et Il est dans Sa création invisible de la même manière que l'artiste est près de son œuvre et que l'œuvre est l'expression de son créateur. Ainsi, le monde invisible est de la même texture que Dieu parce que Dieu a mis en Son œuvre Sa propre nature et que l'Œuvre divine est l'expression de son Créateur. Elle porte en elle la beauté, la bonté et toutes les qualités que Dieu a voulu qu'elle possède en propre. Le monde invisible est l'état qui permet à la vie de posséder son Créateur, il est le lieu qui permet à la créature de se trouver en présence de la Fin et du But de son existence sans que cette Fin et ce But ne finissent ni ne s'atteignent jamais. Le monde invisible est la Bonté, la Miséricorde, la Beauté, la Joie, la Plénitude de Dieu, dans lesquelles la vie trouve sa raison d'être et sa participation à l'Œuvre divine. Cette union du Créateur avec Sa créature dans Son Action comme dans Son Amour est le plus incroyable bonheur de la destinée de la vie. L'âme humaine est appelée à vivre dans l'intimité du Créateur et elle est destinée à seconder, dans le gouvernement de l'Œuvre divine, le Créateur omniprésent et tout-puissant. Dieu est le Créateur et Il créé la créature pour qu'elle devienne la très aimée et très efficace collaboratrice de l'Action divine et qu'elle participe à la création de l'Œuvre divine.

JEUDI 28 DÉCEMBRE 1989

Liberté de la créature

Mon plan est parfait, Mon œuvre est parfaite, Mes créatures arrivées à leur maturité divine sont parfaites. Je veux que Mes créatures soient telles que Mon Intelligence les a conçues et celles qui ne participent pas à ce plan s'éliminent elles-mêmes. Les créatures qui ont reçu le don de la vie possèdent en leur âme la notion de choix et elles exercent librement ce choix à quelque degré de vie qu'elles soient. Ainsi, la vie végétale est douée de la liberté de choisir de plein gré, quoique d'une manière toute végétale, entre la participation à l'essor de sa vie et la mort de sa vie. La vie animale a le même choix et la vie humaine la possède aussi, chacune à son degré et selon son état. Les âmes qui optent pour leur participation au plan de Dieu sur elles, contribuent à l'Œuvre divine tandis que les autres sont éliminées de la pensée même de Dieu et livrées à la mort éternelle selon leur état et à leur degré.

JEUDI 28 DÉCEMBRE 1989

L'Enfer

L'Enfer est beaucoup plus que le lieu et l'état des démons et des âmes humaines en révolte et en mort éternelle, il est aussi le lieu de la destruction de l'âme et de toute vie. L'Enfer est le contraire de l'œuvre créatrice, l'Enfer est l'œuvre destructrice de la créature qui ne cesse de détruire, de ruiner, de démolir et de tuer. L'Enfer est le lieu de la guerre la plus monstrueuse, la plus cruelle, la plus haineuse et la plus impitoyable qui soit. L'Enfer est le lieu de la créature déchaînée, défigurée, dénaturée, déformée et décharnée. L'Enfer est le plus terrible lieu qui soit parce qu'il est le résultat de la révolte contre l'Amour parfait et contre la Beauté parfaite. La vie qui ne veut pas atteindre le but de sa vie ne cesse cependant pas d'exister ; la vie qui ne cesse pas d'exister, tout en rejetant la source de sa vie, ne peut que continuer son existence dans la mort. La mort de la vie est l'opposé de la vie, et c'est une erreur de confondre l'existence dans la mort avec l'absence d'existence. La mort est l'existence dans le rejet de la vie tandis que la vie est l'existence en Dieu. L'Enfer n'est pas l'œuvre de Dieu, l'Enfer est l'abandon de la pensée de Dieu. L'Enfer est la plus horrible, la plus terrible et la plus détestable réalisation de la créature, qui forge volontairement, implacablement et inlassablement le malheur dans lequel elle s'enchaîne et dans lequel elle s'enferme elle-même dans toute la lucidité de sa volonté dépravée. L'Enfer est l'absence de toute bonté, de toute pitié, de tout amour, de toute amitié, de toute compassion, de toute affection, de toute affinité. L'Enfer est le royaume de la haine, de la révolte, de la détestation, de la prévarication, de la diffamation et de la privation. Les âmes et les démons qui y ont fait leur demeure, deviennent toujours plus haineux, plus révoltés, plus détestables, plus prévaricateurs et plus diffamateurs. Le développement de leurs sentiments est proportionné à leur ardeur dans le mal de la même manière que le saint sera de plus en plus saint et puisera en Dieu de nouvelles expressions de sainteté dans la sainteté infinie et inépuisable de la sainteté parfaite.

JEUDI 14 JUIN 1990

L'intelligence est issue de la foi

La foi et l'intelligence découlent de la grâce de Dieu et celui qui perd la grâce, perd la foi et perd l'intelligence. La stupidité, les faux raisonnements et la dérive intellectuelle proviennent invariablement de l'absence de foi. La foi donne les fruits de ce qu'elle est : elle est intelligence, compréhension, connaissance, humilité, certitude. La foi est le don issu de l'Intelligence de Dieu et de Sa connaissance, et les vertus théologales sont les dons qui proviennent directement de la nature divine.

LUNDI 24 SEPTEMBRE 1990

Perfection initiale d'Adam et Eve

Les corps du premier homme et de la première femme furent créés en dehors de toute action de l'esprit du Mal et en dehors de toute attaque de Satan. Les corps d'Adam et d'Eve étaient intacts et ils étaient parfaitement sains, parfaitement équilibrés et parfaitement soumis à l'âme mûre et docile à la grâce. Les corps d'Adam et d'Eve étaient des corps mus par la vie de l'âme et la vie corporelle ne les étouffait pas ni ne les dominait. La vie de l'âme dominait sur la vie corporelle et Adam et Eve furent créés saints et avides de la présence de Dieu en leur âme. Les âmes d'Adam et d'Eve étaient élevées dans la Gloire de Dieu et leurs corps ne les retenaient pas dans des sphères inférieures.

Adam et Eve défièrent la Gloire de Dieu lorsqu'ils décidèrent de ne pas dominer les désirs de leurs corps et Eve défia Dieu dans Sa Gloire doublement par l'admiration qu'elle accorda au créé au lieu du Créateur. La faute d'Adam et d'Eve entraîna l'esclavage de leur descendance aux désirs de leurs corps à cause de la naissance du corps par le corps. Dieu n'avait pas prévu dans le Plan de la création de l'humanité que l'homme et la femme donnent la vie de la même manière que les êtres de la création animale ou végétale ; l'homme et la femme, en procréant le premier descendant de la race humaine d'une manière corporelle seulement, réduisirent du même coup toute leur descendance à la procréation corporelle seulement. Dieu bénit ensuite la procréation corporelle dans la fidélité conjugale à cause de l'impossibilité de l'homme et de la femme, corporellement procréés, de propager la race humaine autrement que par la procréation corporelle.

La procréation corporelle de la race humaine, telle qu'elle est depuis la faute d'Adam et d'Eve, n'a pas été désirée par Dieu dans la forme de l'unique mode de procréation actuellement possible, mais Dieu n'a pas désiré non plus que la procréation, telle qu'Il l'avait conçue, puisse être rendue à l'homme racheté. L'homme et la femme retrouveront ce mode de procréation qui garantit la supériorité de l'âme sur le corps ; ils la retrouveront lorsque la terre aura été purifiée et émondée et que les habitants de la terre seront tous saints.

JEUDI 1er NOVEMBRE 1990

La vision béatifique...

La vision béatifique est la vision de Dieu dans la Gloire de Sa Beauté, de Sa Bonté, de Sa Sagesse, de toutes Ses qualités et de tous Ses attributs. La vision béatifique est entrevue par les âmes du Paradis lorsqu'elles s'élèvent vers les hauteurs des cieux ; le Soleil qui les éclaire, qui les illumine, qui leur donne la vie, la joie et la sainteté, s'ouvre alors à elles et elles découvrent, d'abord de loin et puis de plus en plus près, au fur et à mesure de leur approche, les merveilles de la Demeure du Cœur de Dieu. Vois les rayons qui s'échappent de Mon Sacré-Cœur et vois le halo qui entoure la Sainte Humanité de Mon Verbe. La lumière qui l'entoure et qui provient d'elle, est la pâle représentation de la Lumière des Cieux, qui scintille et qui rayonne à tel point que sa beauté et sa clarté, à elles seules, sont enviables et désirables éternellement. La vision béatifique est comme la Demeure dont les portes sont grand'ouvertes et dont la Beauté, la Richesse, la Splendeur s'aperçoivent de loin et attirent à elles les regards, les aspirations et tous les désirs du voyageur approchant du but de son voyage. Dieu se découvre par Son Amour et par Sa Puissance. Il se découvre ensuite par Sa Douceur et par Son Intelligence et la créature en est stupéfaite et retournée jusque dans les profondeurs les plus reculées de ses sentiments et de ses aspirations.

... La Demeure de Dieu

Elle entre alors dans la Demeure de Dieu et, en y pénétrant, c'est Dieu qui la reçoit en Sa propre Vie. La vie de Dieu dans laquelle elle pénètre l'absorbe tout entière et elle est submergée totalement dans la divine Lumière et dans tout ce qui est l'Etre, qui la dépasse tellement qu'elle se fond en Lui tout en trouvant en Lui l'épanouissement de sa personne, de son unicité, de sa personnalité. La créature est alors dans la Richesse de la Vie pour laquelle elle a été créée et la vie qu'elle reçoit, en entrant dans la

Vie de Dieu, est la Vie glorieuse et éternelle. La créature devient la créature de Dieu sans désirs personnels autres que ceux de Dieu, sans entrâve et dans la liberté parfaite de la liberté même de Dieu, qui peut tout, qui est le Maître de tout et qui n'est arrêté par rien. La liberté de la créature est sa participation à tout ce que Dieu désire, à tout ce qu'Il ordonne, à tout ce qu'Il décide. Le bonheur de la créature est d'aimer dans un bonheur que rien ne freine. L'amour avec lequel elle aime Dieu est alimenté par l'amour extraordinaire et toujours nouveau avec lequel Dieu la choit et qu'Il lui donne avec une générosité, une tendresse, une bonté et une vivacité toujours nouvelles. L'activité de la créature entrée dans la Vie de Dieu est une participation active au Plan de Dieu. La créature aide et prête main forte à tout ce qui est dans le domaine de ses qualités et des compétences qu'elle reçoit directement de Dieu, dans la perfection de la Sainteté divine dont elle est revêtue.

Le corps glorieux qui est le sien est revêtu de la Lumière divine et la créature sainte possède sa propre luminosité et sa propre teinte, dont l'éclat lui vient de la Lumière divine mais qui est néanmoins la sienne et qui la différencie de toutes les autres lumières des autres créatures saintes entrées elles aussi dans la Demeure glorieuse de la Vie de Dieu.

LUNDI 31 DÉCEMBRE 1990

Le travail de la grâce

La lumière divine a la possibilité de toucher tous les cerveaux des créatures et elle le fait à l'insu bien souvent de la créature qui en est la réceptionnaire. La grâce divine donne ainsi à la créature de tendre vers le bien et de préférer le bien au mal. La préférence du bien est toujours l'effet de la grâce divine, qui a marqué de Son empreinte l'âme développée et qui l'a tellement bien imprégnée de la préférence du bien qu'elle est caractérisée par ce désir. La personnalité de l'âme se forme ainsi, par l'effet de la grâce divine, qui lui donne le goût de l'attribut divin ou de la qualité divine qui est à la source de sa vie spirituelle. Par le développement de la qualité divine dans l'âme de la créature, l'aspiration vers le bien qui découle de l'exercice de l'attribut ou de la qualité divine fait grandir l'âme dans cet attribut et lui donne d'être réceptive aux grâces de plus en plus nombreuses qui proviennent des attributs et des qualités innombrables de Dieu. Les lumières divines reçues par l'âme à son insu sont le quotidien de toute âme tandis que la lumière reçue par l'âme dans la connaissance est un don divin. Je suis le Dispensateur de toute grâce, de toute lumière, de toute aspiration.

JEUDI 24 JANVIER 1991

Entrée de l'âme dans la Gloire de Dieu

Dieu est saint éternellement dans la gloire de Ses attributs, de Ses qualités, de Ses vertus. La gloire de chaque attribut est une gloire à elle seule totale, complète et infinie, et elle suffit à elle seule à donner à Dieu la Gloire divine, éternelle et infinie. La Gloire de Dieu est la lumière que la Gloire divine émet ; la Gloire de Dieu est la Beauté, la Douceur, l'Eclat, la Brillance et l'Incandescence qu'elle émet et qui sont l'apparence première de Dieu à la vue de la créature qui entre dans le Ciel. Et puis, l'apparence seconde de Dieu à la créature est Sa Grandeur, Sa Majesté, Sa Dignité, Sa Divinité et Sa Souveraineté. Lorsque la créature a passé la première Porte et la deuxième Porte dans l'état d'éblouissement et d'humilité désirée par la divine Gloire et par la divine Perfection, elle est appelée à passer la troisième Porte et elle entre alors à l'intérieur de la divine Demeure. Ce qui se présente à la vue des yeux de son âme est la Douceur, la Bonté, la Paternité, la Fidélité et l'Amour de Dieu pour elle et ce qui se présente à la vue des yeux de son esprit est la beauté extraordinaire qui l'entoure, la richesse incroyable et sans fard qui lui est accessible afin d'étendre le Royaume divin et l'agrandir dans la mesure de ses moyens. La divine Présence lui donne tout ce qu'Elle a et tout ce qu'Elle est et le don colossal qui lui est fait de la divinité demeure l'apanage de Dieu, dans laquelle la place lui est faite, à titre personnel, unique, individuel et éternel.

DIMANCHE 27 JANVIER 1991

Autorité initiale de l'être humain

L'œuvre de Mes mains est divine à cause de la divinité de Dieu qui est le maître d'œuvre et Je crée, Je donne la vie et Je communique l'Amour de Dieu à la mesure de la divinité. J'ai donné la vie à la créature et elle est devenue créature à cause de la vie que Je lui ai donnée. Elle est devenue enfant de Dieu à cause de la filiation et de la paternité divine, dans lesquelles Je l'ai fait naître à la vie et J'ai donné à la vie de la créature, enfant de Dieu, l'accès à la vie divine. J'ai donné à l'enfant de Dieu des dons de vie dont il est le bénéficiaire et qui sont le don gratuit et libéral de Dieu.

Je lui donne la souveraineté de l'âme et l'âme communique cette souveraineté à la partie visible de son être dans la création visible. Le corps humain domine de son autorité sur les autres corps vivants et l'autorité dont il est investi est propre à la qualité de son âme. L'autorité dépend de la qualité de l'âme mais le corps déchu a perdu le droit à l'autorité de son corps sur les autres corps. Le corps de la créature humaine, détrôné dans l'autorité dans laquelle il aurait dû naître, est déconsidéré et dédaigné par les autres créatures qui ne lui doivent rien. C'est ainsi que l'enfant des hommes doit lutter pour asseoir son autorité sur les autres créatures et même sur la nature de l'environnement dans lequel il évolue. Si l'autorité dans laquelle il aurait dû naître ne lui avait pas été retirée, il serait accepté, respecté et obéi par toute créature et par la nature tout entière. Le travail est la condition corporelle de la nature déchue du corps humain. Lorsque Dieu créa Adam et Eve, Il les créa dans un état qui leur subordonnait la création tout entière afin que la nature leur prodigua le meilleur d'elle-même dans un état de soumission, de prévenance et de sujétion parfaites. Mais lorsque Adam et Eve se détournèrent de la divine dépendance, ils détournèrent de leur état de corps souverain la naturelle dépendance de la création tout entière. Leur âme ne rayonna plus au travers de leur corps l'ascendance divine que Dieu avait occupé en elle et, devenue un paria, elle se recroquevilla à l'intérieur de son invisibilité, laissant au corps sa seule apparence et sa seule puissance. Et l'apparence et la puissance corporelles étant dépossédées de ce qui leur donnait leur dignité, le corps humain fut réduit à sa seule visibilité.

MERCREDI 27 FÉVRIER 1991

Grandeur de la création invisible

Le monde invisible est tellement vaste et tellement grand que le monde visible est tout petit et tout menu en comparaison. La création invisible est la création majeure de la divine Toute-Puissance et la création invisible a été créée afin de remplir d'âmes la Demeure de Dieu. La création invisible a été imaginée dans la divine Sagesse et dans la divine Intelligence à cause de la divine Bonté et la création visible a été pensée et réalisée dans la divine Pensée et dans la divine Puissance à cause de la divine Miséricorde. La divine Pensée a déterminé les frontières entre le monde visible et le monde invisible et la divine Sagesse a déterminé les frontières entre la divine Demeure et le monde invisible.

MERCREDI 27 FÉVRIER 1991

Entrée de l'âme dans la Demeure de Dieu

Je t'ouvre maintenant la porte de l'inconnu et Je te conduis [en esprit] par-delà le mur de l'invisible. Le mur qui sépare le monde visible du monde invisible est un mur qui t'a été dévoilé et il n'est plus nécessaire de te l'expliquer. Il en est tout autre du mur de la divine Demeure à cause de la «revêture» du corps glorieux par l'âme avant qu'elle ne franchisse les Portes de la Gloire. L'âme a acquis la forme qui est la sienne et qui ne doit plus être développée encore. L'âme est belle, éblouissante, blanchie à la lumière de la sainteté et de la divine Perfection et elle est telle que le Plan de Dieu a prévu qu'elle soit. L'âme est devenue un objet d'amour rare et unique aux yeux du Créateur et elle déborde elle-même d'amour, de bonté, de reconnaissance et de tendresse pour le divin Auteur de son être. L'âme a hâte de pénétrer dans la divine Demeure parce qu'elle a la nostalgie de la Maison Paternelle et le spleen d'amour la saisit au moment où elle s'apprête à rejoindre la divine Famille. L'âme est alors enveloppée de lumière et de couleurs étincelantes et les couleurs l'absorbent en elles à tel point qu'elles la revêtent d'elles-mêmes. Les couleurs la recouvrent et se disputent entre elles l'honneur de la revêtir et c'est dans ce concert de lumière et de mille teintes, qui vont et viennent et se relaient dans un somptueux concert de douceur et de brillance, que l'âme est revêtue de la lumière et de la teinte prédominante qui sera sienne, teinte glorieuse de l'éternité sur elle.

L'âme est revêtue, dans ce merveilleux moment, de la soie céleste qui forme la peau glorieuse de sa forme et, lorsque la soie céleste lumineuse et teintée à sa couleur la revêt tout entière, elle est digne de passer la troisième et dernière Porte qui la sépare de la céleste Demeure. L'âme est reconnaissante de la forme qui est à l'origine de l'apparence dans laquelle le nouveau corps l'a fixée pour l'éternité et elle a hâte de s'approcher de la Demeure

Paternelle pour se prosterner et adorer le Père aimé par-dessus tout. Et à chaque avancée vers l'heureux moment de la rencontre extraordinaire qui est, qui a été, qui est encore et qui adviendra pour l'éternité, elle adore déjà, elle est prosternée déjà et elle aime éternellement. L'âme, qui n'est plus seulement une âme mais un corps et une âme et un esprit tout à la fois, est belle et lumineuse et extraordinaire elle-même de la Beauté, de la Lumière et de l'Extraordinaire divins, Elle est en Dieu, dans la Vie divine, à l'intérieur de la divine Maison du divin Pays, et à la divine Hauteur.

L'âme est appelée alors par un nom qui est un nom divin et le nom que Dieu lui donne a une consonance égale à la lumière et à la luminosité de la couleur de l'habit corporel glorieux qui la recouvre et qui la revêt sans l'amoindrir ni la cacher le moins du monde. Le nom de l'âme est un nom d'Ange parce que l'âme est devenue l'égale de l'Ange qui est le sien et leurs noms se joignent parce que leur être est l'un à l'autre, l'un par l'autre et l'un avec l'autre. Le nom de l'âme est un nom divin et, de même que tout homme a un nom à cause de son corps, ainsi tout corps glorieux a un nom qui lui est propre, c'est-à-dire propre au corps et à l'âme qu'il revêt, habille et recouvre tout à la fois.

Le corps glorieux est un corps lumineux. La lumière qu'il dégage est tellement lumineuse, tellement éblouissante et tellement éclatante qu'elle suffirait à elle seule à éclairer la terre, la lune et le système solaire tout entier ; et elle éclaire vraiment la Demeure de Dieu partout où elle passe, partout où elle se tient, partout où elle est allée. Et, de même que le Seigneur Jésus-Christ a éclairé les bas-fonds des sphères invisibles de la divine lumière de l'Espérance, ainsi les Saints éclairent les airs de la divine Patrie de la qualité qui est leur vertu prédominante.

VENDREDI 7 FÉVRIER 1992

Entrée d'une âme dans le Royaume éternel

Je te montre l'âme d'un enfant de Dieu. Il est sur le point d'entrer à son tour dans le Royaume de la Vie et son âme est comme dans une grande retraite. L'âme que Je te montre est lumineuse et elle est comme les représentations d'Anges adorant la Toute-Puissance divine. L'âme que Je te montre est plongée dans un recueillement profond et elle scintille de toutes parts car elle a déjà la forme du corps de lumière qui doit la recouvrir bientôt. L'âme que Je te montre est belle et elle est émue jusqu'au plus profond de ses sentiments. Elle s'épanche en l'adoration qui étreint ses sentiments et cet état d'extase spirituelle est tellement plus haut, tellement plus profond et tellement plus vécu que les extases de la terre, qu'une âme en cet état dans un corps terrestre ne pourrait en réchapper. C'est un peu comme si la joie des retrouvailles était tellement émouvante pour deux êtres de la terre qu'ils en mourraient tous deux. Ainsi en est-il de certaines joies de l'âme : les plus grandes émotions doivent attendre la sainteté parfaite pour être vécues sans crainte de nuire à l'âme elle-même en plus du corps de la terre.

Pendant que tu contemples cette âme, elle s'éveille et avant d'ouvrir les yeux, elle rayonne de mille scintillements parce que ses facultés se remettent en mouvement.

Elle te voit parce que Je suis auprès de toi et que les regards d'une âme dans les hauteurs de la création invisible ne peuvent se détacher de tout ce qui est avec Dieu et tu es avec Moi. Je lui dis alors des mots qu'elle seule peut comprendre car les âmes ont une intimité extraordinaire avec leur Dieu.

Elle est subjuguée par la Gloire de Dieu et son aspect en est, en un instant, tout enveloppé. Elle apparaît alors presque comme le Trône de Dieu et les Anges la contemplent dans un ravissement particulier à leur état angélique. Alors commence la transfiguration de l'âme en présence de toute la cour céleste. L'âme est en train de passer la première Porte, celle de l'humilité parfaite et sa couleur prédominante est la couleur de l'Ivoire céleste. Vois alors la pluie de lumières de toutes qualités qui tombe sur elle et dans laquelle elle est comme un phare au milieu d'un concert de lumières. Les couleurs qui la touchent deviennent sa couleur et chaque couleur qui devient sienne demeure cette couleur tout en étant un apport à toutes les couleurs qui formeront la teinte caractéristique de cette âme, unique et désirée de Dieu comme telle pour l'éternité.

Lorsque l'âme est prête pour franchir la seconde Porte, celle de la Grandeur de Dieu, elle est heureuse et belle et son bonheur et sa beauté sont à elle pour l'éternité. Dieu se présente à elle dans Sa Magnificence et elle est émue par tant de Grandeur, tant de Puissance et tant de Présence. Si elle était dans un état différent de celui qui lui a été donné par Amour divin, elle périrait tant la Grandeur de Dieu est inaccessible à la créature en-dehors de l'Amour.

Et là, un nouveau concert de lumières se produit et, tel un feu d'artifice dans lequel aucun éclat n'est semblable à un autre, l'âme est emportée dans des hauteurs insoupçonnées et Je la laisse s'échapper à ta vue car c'est dans ces hauteurs insoupçonnées de la création invisible que se trouve la Grâce de l'adoption divine de la créature. L'âme qui pénètre dans ces hauteurs entre dans le Royaume de Dieu, le Ciel, éternité de bonheur réservée à l'enfant de Dieu devenu Saint et glorieux de la Gloire de Dieu.

CHAPITRE IV

Les desseins et les désirs de Dieu

SAMEDI 18 NOVEMBRE 1989

La Venue de Notre-Seigneur

Le monde est en train de basculer dans l'abîme et Je ne peux plus l'en empêcher. Je peux tout et même l'impossible, mais Je n'irai pas contre Mes propres lois ni contre Mes propres décrets. Je ne violenterai pas la liberté de Ma créature et Je ne M'imposerai pas à elle. Je suis le Dieu tout-puissant et Je ne pardonne qu'à celles d'entre Mes créatures qui implorent Mon pardon. Je bénis les créatures qui M'obéissent et qui veulent Ma volonté, mais Je maudis les démons et leur suite. Je désire la conversion de toutes Mes créatures et Je ferai tout ce que Je puis pour détourner les créatures désobéissantes de leurs mauvais desseins. Les hommes ne se rendent pas compte de la gravité de leurs actes et même s'ils les comprenaient dans leur terrible réalité, ils ne se convertiraient pas non plus. C'est pour leur éviter un péché plus grand encore que Je ne Me manifeste pas encore et Je ne Me manifesterai que pour bénir et non pour maudire. Je Me manifesterai bientôt et les hommes qui ne supporteront pas Ma vue, détourneront leur face de Ma Gloire ; ils se pétrifieront parce qu'ils haïront ce qu'ils auraient dû aimer et ils mourront de frayeur à l'approche de leur sentence. Ils fuiront devant les signes avant-coureurs de Ma venue et ils ne la verront pas de la même manière que Mes fidèles. Ils fuiront, se cacheront et se prosterneront dans la boue de leur débauche, de leurs crimes et de leur haine, et ils étoufferont dans la glue de leurs péchés. Je ne viendrai dans Ma Gloire qu'après leur disparition parce que le mauvais ne participera pas à Ma Victoire.

Ma venue aura lieu au cours d'une nuit et cette nuit sera très froide. Les astres du firmament ne donneront plus leur éclat et la terre sera en deuil. Les habitants de la terre et les animaux auront été détruits dans une très grande proportion et la surface de la terre ne sera plus que ruine et désolation. Les hommes pleureront leur folie et la terre se balancera encore de la violence de ses soubresauts. Le monde sera hébété et les hommes se désoleront devant l'immensité du désastre. La terre semblera dépouillée et délabrée, et les hommes sauront que cet état dépasse leurs propres moyens. Les Anges et les Saints les aideront à ne pas céder au découragement ni à la détresse qui envahiront leur âme, et les hommes, aidés surnaturellement, ne tomberont pas dans la tentation de mettre fin à leurs jours.

Je viendrai alors dans la plus grande Gloire qui soit jamais apparue dans le monde visible, et Ma Lumière jaillira comme un éclair de l'est à l'ouest et du nord au sud. Les hommes se lèveront et se serreront les uns contre les autres parce que l'admiration étreindra leur âme. La Croix et le Sauveur apparaîtront dans le ciel ; la lumière, dans laquelle l'apparition baignera, éclipsera la lumière des astres et le soleil ne sera qu'une pâle étincelle en comparaison de la lumière divine. Je viendrai escorté de la cour céleste et la beauté de Mon escorte, d'une diversité et d'une richesse inconnues des habitants de la terre, brillera dans le ciel. Mes Anges et Mes Saints déploieront leurs ailes et le ciel se remplira de leur vol. Ils répareront les désastres et rénoveront les ruines. Ils redresseront ce qui doit être redressé et ils supprimeront les restes de ce qui ne doit pas subsister. Les pierres et les murs des maisons seront relevés et les tuiles des toits seront remises en place. Les villes et les campagnes seront nettoyées et la végétation replantée et retaillée. La terre et tout ce qu'elle contient sera remise à neuf comme le Maître le désire et comme Il le commande. Les habitants de la terre seront stupéfaits et tellement reconnaissants que les larmes leur couleront le long du visage et leurs mains se joindront dans une même prière de louange, de déférence et d'émerveillement.

MERCREDI 9 AOÛT 1989

Amour et fidélité de Dieu envers l'Eglise

Je suis le Seigneur, Roi du Ciel et de la terre, et les portes de l'Enfer ne prévaudront pas contre Mon Eglise. Mon Eglise M'est très chère, Je l'aime et Je lui ai donné Ma promesse de fidélité. Elle est Mon épouse et Je l'aime d'un amour d'Epoux. Lorsqu'un Epoux aimant et fidèle est trompé, Il ne rompt pas, Il demeure fidèle. Il fait tout ce qui Lui est permis de faire pour ramener à Lui Son Epouse infidèle, et Il entretient dans le cœur de Ses enfants l'amour, le respect et la déférence qu'ils doivent conserver pour leur Mère. Et la Mère, lorsqu'elle reviendra dans le droit chemin, trouvera l'Epoux et les enfants pleins de joie parce que les engagements des uns et des autres pourront s'échanger de nouveau dans la vérité, dans l'amour et dans la réciprocité.

Je convertirai Mon Eglise parce que Je la veux tout à Moi et parce qu'elle est la Mère de Mes enfants. Sans leur Mère, Mes enfants sont comme des orphelins et cela n'est pas Ma volonté. Je suis leur Père et Je leur ai donné l'Eglise pour Mère ; par elle, Je les veux tous au Ciel. L'Eglise est Mon œuvre et Mes œuvres ne périront pas. Elle pourra paraître mourir mais Je la ressusciterai glorieuse et belle comme le plus beau joyau et le plus précieux brillant. L'Eglise est le fruit de Mon Amour, elle est née dans la souffrance de Dieu fait homme et elle ressuscitera parce que la souffrance est purifiante et sanctifiante. Elle ressuscitera parce que l'Eglise souffrira et par sa souffrance, elle se purifiera et se sanctifiera.

J'aime Mon Eglise et Je ne permettrai pas qu'elle se perde. Elle sera purifiée dans la souffrance de ses enfants et elle sera sanctifiée par la sanctification de ses enfants. Les hommes d'Eglise infidèles seront châtiés et ceux qui seront demeurés fidèles seront les martyrs qui la convertiront ; et elle ressuscitera bientôt.

Mes paroles sont véridiques, Mes paroles sont éternelles, Mes paroles sont créatrices. Je conduis les Miens, Je conduis Mon Eglise et Je vaincrai parce que Je suis le Roi, le Victorieux pour l'éternité. Je suis le Roi et Ma Volonté domine le monde. Je suis le Roi et Ma Parole est véridique ; elle a créé le monde et elle ne profère pas le mensonge. Elle est pareille à elle-même à travers les siècles sans fin et elle ne change pas. Je suis le Roi et Mon Amour a donné la Vie à Mes créatures. Je les aime et Je les veux. Je les ai créées pour leur communiquer Mon amour éternellement et Je leur donnerai cet amour éternellement. Il leur suffit de M'aimer et Je leur donnerai un amour tellement grand, tellement fort, tellement bon et tellement beau qu'elles béniront cet Amour éternellement.

Oh, Mes enfants, soyez fidèles. Aimez l'Auteur de votre être. Aimez-Le et bénissez-Le. Prosternez-vous parce que Sa Grandeur, Sa Majesté, Sa Toute-Puissance vous aime, vous chérit, vous désire avec Lui pour l'éternité.

JEUDI 14 AOÛT 1989

L'ordre et le sacrement de l'Ordre

Mon amour pour chacune de Mes créatures est un amour divin et personnel. J'aime chacune de Mes créatures comme seul Dieu peut les aimer et comme seul Dieu les aimera jamais. Je porte l'humanité tout entière dans Mon cœur très saint et très aimant, et Je porte chaque créature dans Mon Sacré-Cœur. Je ne peux Me passer de Ma création et Je l'aime infiniment. Je l'aime et Je l'élève à Moi à chaque instant du temps du monde matériel et à chaque instant du temps de l'éternité. J'aime chacun de Mes enfants de cet amour-là. Je Me donne à Ma création dans un sacrifice éternel, qui dépasse les lois du temps, qui est à la mesure de l'éternité divine.

Je suis le Maître du temps. Je prends le temps et Je donne le temps. Le temps est la plus parfaite invention divine parce qu'elle est Sa plus précieuse réalisation. Le temps est la plus belle invention du monde matériel parce que, sans lui, l'ordre et la paix ne pourraient pas exister. L'ordre n'existerait pas et la paix, qui découle directement de l'ordre, ne serait pas non plus. L'ordre est la source de la paix et la paix ne peut exister sans l'ordre. L'ordre dans la maison est la paix de cette maison ; l'ordre dans la nation est la paix de la nation ; l'ordre dans l'âme est la paix de l'âme ; l'ordre de la nature est la paix de la nature.

L'ordre est une propriété divine et l'ordre divin a créé l'ordre de l'univers, l'ordre du firmament, l'ordre des éléments et l'ordre des créatures vivantes. L'ordre parfait et bon a été donné à la création afin que la stabilité, la hiérarchie et la priorité d'une chose par rapport à une autre chose soient les garantes de la paix, de l'entente et de l'épanouissement des âmes à la vie divine. Sans l'ordre de la nature, les éléments se déchaîneraient et les orages, tornades et ouragans dévasteraient la terre. Sans l'ordre du firmament, les étoiles et leurs planètes s'entrechoqueraient et la destruction des unes et des autres serait leur sort. Sans ordre et sans paix, la création serait livrée à elle-même, à la destruction et à l'anéantissement.

Le Seigneur est le Créateur de l'ordre et du temps, et Il ne permet pas au démon de semer le désordre et la discorde au-delà d'une frontière inattaquable et infranchissable. Le Seigneur laisse cependant à la créature la libre disponibilité du temps qui lui a été donné et de l'ordre qui l'entoure. La créature est libre de respecter le temps qui lui est alloué pour l'employer à bon escient et le mettre à profit pour grandir en sainteté et en amour ; elle est libre aussi de respecter l'ordre en le maintenant dans son âme et dans son environnement. Le Seigneur récompensera ceux qui auront ainsi défendu Sa création en défendant l'ordre moral, l'ordre naturel, l'ordre matériel et l'ordre divin. Le Seigneur leur donnera le Royaume éternel et l'Ordre éternel.

Le sacrement de l'Ordre n'a pas été nommé ainsi par hasard. Non, l'Ordre est le sacrement qui porte bien son nom, et les serviteurs de Dieu ont la mission de maintenir et de garantir l'ordre divin sur la terre, ordre divin duquel découlent tous les autres ordres. Et lorsque l'ordre est désorganisé, c'est parce que ceux qui avaient la responsabilité de le maintenir ont failli à leur mission et leur responsabilité est grande. Par leur insouciance, les serviteurs et les servantes de Dieu ont laissé le démon semer le désordre dans l'ordre voulu par Dieu, et ils portent sur leurs épaules la très lourde responsabilité de la perte de la foi, de la perte de la moralité, de la perte de la paix intérieure et extérieure. Par leur insouciance, ils ont perdu les troupeaux qui leur avaient été confiés et ils perdront leur récompense. La plus belle récompense est la présence de Dieu mais, à cause de leur insouciance, ils perdront tout et même la présence de Dieu dans le cœur de ce qu'ils ont détruit et qu'ils n'avaient pas le pouvoir de changer ; lorsque les serviteurs de Dieu ont voulu s'arroger un pouvoir dont ils ne pouvaient pas disposer, le démon est entré dans le Saint des saints et Dieu ne partage rien avec l'ennemi implacable de Sa Bonté, de Sa Justice, de Sa Toute-Puissance et de Sa Miséricorde. Dieu se retirera du monde lorsque le Mal aura atteint le comble de l'iniquité et ce temps est commencé. Dieu s'est retiré de Son Oint afin de satisfaire à Sa Justice, et Dieu se retirera de Son Eglise parce que la Justice divine se fera. Puis, l'Eglise et le monde redeviendront à Moi et Je les relèverai et les embrasserai parce qu'elle et lui se repentiront et nous serons de nouveau un comme le Père, le Fils et l'Esprit sont un.

Par leur insouciance, Mes serviteurs ont donné leur interprétation à Ma Parole et ils ont transformé Mon amour. Par leur insouciance, ils ont parlé pour porter préjudice au respect et à la vénération qui Me sont dus au lieu de cultiver l'amour et la dévotion envers le Saint et très Sacré Nom de Dieu. Par leur insouciance, ils ont détruit les portes infranchissables du Saint des saints et ils ont livré le tabernacle à l'ignorance du peuple non instruit et pervers. Par leur insouciance, ils prétendent que la créature est égale à son Créateur et ils tutoient leur Dieu et leur Maître, et prennent toutes sortes de libertés qui horrifient les Anges et les Saints du Ciel. Par leur insouciance, ils conduisent Mon troupeau sur des routes de traverse et ils perdent leurs ouailles au lieu de les conduire sains et saufs vers le Royaume éternel.

Le monde ne veut pas comprendre la très grave maladie dont est atteinte Mon Eglise parce qu'il ne veut pas se convertir et bien des âmes ne sont pas capables non plus de la comprendre. Je Me servirai de ceux qui ont compris et qui n'ont pas refusé Ma grâce pour reconquérir Mon Eglise et elle redeviendra belle et pure et sainte parce que Mon Epouse ne peut être autrement. Je prépare les Miens au martyre et leur foi ne vacillera pas. Je prépare les Miens à la reconquête et Je les prépare à la croix. Je les aime parce qu'ils ne M'abandonnent pas et Je les aimerai éternellement.

MERCREDI 20 SEPTEMBRE 1989

L'Europe

J'aime les hommes et J'aime Ma création d'un amour si grand qu'aucun sacrifice ne Me retient ni ne Me retiendra jamais. J'aime Mon œuvre et Je ne permettrai pas que le démon la détruise. J'aime la France, J'aime la Belgique, J'aime l'Italie et J'aime l'Europe. J'aime l'Europe parce qu'elle est le berceau de Mon Eglise et le berceau de la chrétienté. L'Europe a la vocation d'être le phare du monde et les pays du monde entier la reconnaissent comme tel. L'Europe est le continent qui se relèvera le premier du péché et les pays du monde entier la contempleront et l'imiteront. L'Europe est le cœur du monde et l'Europe est malade. Le cœur du monde est malade et le monde souffre de la maladie de son cœur. L'Europe guérira et le monde se portera bien lorsque l'Europe ne souffrira plus. Le monde est très malade et le monde est pourtant ignorant de sa maladie. Le monde est moribond et il croit encore à la vie. Le monde est sur le point de s'écrouler et il se croit encore invincible. Le monde est bien faible et il s'enorgueillit de sa maladie qu'il croit être sa force. Le monde est dans un état tel que Dieu seul peut le sauver. Le monde est saturé de mal, de crimes et de souffrances, et il est aveugle, sourd et muet. Le monde est l'antichambre de la vie éternelle et il est l'antichambre de la mort éternelle ; il est l'un et l'autre, et il est le seul responsable de la direction qu'il prend. Il est le seul responsable de ses options, il est le seul à pouvoir décider d'elles. S'il opte pour la vie éternelle, Je le protégerai, le guiderai et le conduirai vers les merveilles de Dieu, tandis que s'il opte pour la mort éternelle, Je le laisserai à sa volonté mais Je ne permettrai pas qu'il entraîne à sa suite les âmes de ceux qui voudront la Beauté, la Joie et la Gloire de Dieu.

Je permets que le démon entre dans le cœur du monde et dans le cœur du cœur du monde. Le cœur du cœur du monde est Mon Eglise, et le cœur de Mon Eglise est Mon très saint Corps. La sainte Eucharistie est le cœur de Mon Eglise et elle vit par Elle. Le démon est entré dans la sainte Eglise et il est en train d'attaquer la sainte Eucharistie de toutes les manières. Il l'attaque mais Je ne permettrai pas qu'il la vainque. Le démon est en train de prendre du terrain, c'est-à-dire qu'il paraîtra avoir obtenu la victoire, mais Dieu le brisera avec éclat et avec une très grande puissance au moment où il croira avoir triomphé. Je suis le Maître du monde, le monde se relèvera lorsque Je le sauverai et Je prépare déjà Ma victoire.

MERCREDI 1er NOVEMBRE 1989

Prédilection de la Terre

Je suis le Maître du monde, et Mon amour est individuel et personnel pour chacune de Mes créatures. J'ai donné Mon sang à la terre et elle a bu le sang de Dieu ; c'est parce qu'elle s'est abreuvée de Mon sang que Je Me suis uni à elle plus qu'à aucune autre planète et Mon amour pour elle et pour tout ce qu'elle contient est immense. Je l'aime et Je la sauverai malgré elle. Je lui redonnerai sa première parure. Je l'aime et elle est Mienne, elle est la plus belle, elle est divine parce qu'elle a donné Dieu à la matière, elle est le fleuron de la création visible. Elle mourra cependant comme le peuple infidèle et comme l'Eglise, parce que le Sauveur est mort et parce que le créé et tout ce qui vit doivent mourir pour éteindre dans la mort la redoutable emprise du démon qui a souillé le créé dans sa vie et dans sa matière.

JEUDI 16 NOVEMBRE 1989

La Terre et le temps

Je suis l'Amour de Dieu et Mon Amour s'exprime en paroles et en action. Mon action est l'Action de Dieu qui dirige et conduit le monde, et Mon action est parfaite. Elle est le passé, le présent et l'avenir, elle est le temps, elle est la chronologie parfaite de tout et de tous. Les âmes évoluent au fil de ce temps, qui leur est donné par l'action divine afin de rendre possible leur développement et leur maturité. Les âmes et les corps sont unis dans le temps, et le corps est nécessaire à l'âme pour l'intégrer dans le temps de la matière et dans le temps de la création visible. Le temps est un trésor qui n'est pas compris à sa juste valeur et le temps est le plus souvent gaspillé et déconsidéré. Le temps est la mère de la vie, la terre en est le père. Le temps a vraiment un rôle de mère et la terre a vraiment un rôle de père ; la terre subvient au bien matériel de la vie tandis que le temps subvient au bien de l'âme en lui donnant la durabilité de l'enveloppe matérielle pour la porter et la maintenir dans son évolution. Le temps et la terre dépendent l'un de l'autre, ils ne peuvent être dissociés. Le temps et la terre ont été créés l'un pour l'autre ; l'un est à l'autre ce que l'époux est à l'épouse. La vie et la maturité de la vie est le fruit de leur union et ce fruit est personnel et distinct. Le temps et la terre dépendent chacun de la fidélité de l'autre ; si l'un vient à manquer, l'autre est stérile. Le temps et la terre sont unis par le Créateur et personne ne peut désunir ce qu'Il a uni.

Le temps et la terre ont la vie en eux et la vie qu'ils ont en eux est gouvernée par les Anges. Le temps et la terre attendent tout de la direction des ministres de Dieu ; les Anges disposent de la terre et du temps, gouvernant le monde visible comme les ministres d'un royaume gouvernent le royaume du roi dont ils sont les très obéissants et dévoués sujets.

SAMEDI 9 DÉCEMBRE 1989

Pourquoi Je parle de Mon œuvre

Je parle de Mon œuvre et de Mon amour parce que Je suis le Verbe agissant et aimant, et hors de la Parole qui aime et qui agit, il n'y a rien. Je parle de Mon œuvre parce que les temps de Mon Eglise de la terre sont échus et les temps de Mon Règne sont devant vous. Je parle de Mon œuvre et de Mon amour parce que le monde est devenu hostile à la vérité et le monde ne veut plus M'aimer plus que lui-même. Je parle de Mon œuvre et de Mon amour parce que Je vais renouveler toute chose et Mon œuvre deviendra de nouveau l'objet béni, aimé, saint et très aimant.

MERCREDI 13 DÉCEMBRE 1989

Ils reviendront à Moi

L'Eglise est infidèle et elle périra à cause de son infidélité de la même manière que le peuple juif a péri à cause de son infidélité et de même que tout ce qui est mauvais est voué à la mort. Le bien est la source de la fidélité, le mal est la source de l'infidélité. Le bien est destiné à la vie éternelle et le mal est destiné à la mort éternelle. Je suis le Bien, Je suis la Vie ; hors de Moi, l'accès à Moi, c'est-à-dire au Bien et à la Vie, est impossible. La fidélité est le moyen d'accéder au Bien et à la Vie tandis que l'infidélité conduit au mal et à la mort.

Je suis mort pour ceux qui M'aiment et qui M'aimeront. Je suis mort pour que la création soit rétablie dans l'amour de son Créateur et Je suis mort pour rendre Justice au Dieu trois fois saint et trois fois béni. Je suis mort pour que les Miens soient sauvés de la mort éternelle et Je suis venu pour racheter les fautes et les péchés du monde. J'ai racheté l'infidélité de Mon épouse l'Eglise, et elle est coupable de sa faute plus que tout autre parce qu'elle a trahi l'Epoux et le Sauveur qu'elle connaît et qu'elle a aimé. Je l'ai cependant rachetée pour l'éternité et elle ressuscitera telle une nouvelle épouse, belle, éclatante et lumineuse, et elle se repentira de son erreur à cause de Mon sacrifice. Je lui pardonnerai et elle Me demandera pardon, et nous nous retrouverons dans des élans d'amour si grands que Je lui donnerai le meilleur de Moi-même et le meilleur d'elle-même. Je la bénirai et la sanctifierai dans ses prêtres et dans ses membres, et ils M'adoreront et Me vénéreront de la manière qui Me plaira tant que Je ne lui refuserai rien.

Je prépare à Mon Eglise un temps d'épreuves qui la purifiera de la contamination dont elle s'est laissé infecter. Les temps qui viennent purifieront les hommes et les femmes, et ils reviendront à Moi à genoux et en pleurs. Leur pleurs seront sincères et Je Me laisserai toucher parce que Je les ai rachetés et parce que Ma Bonté est et sera toujours supérieure au mal de Mon ennemi éternel.

MERCREDI 13 DÉCEMBRE 1989

Le don de la vie

La vie est le don de Mon amour pour ceux à qui Je donne la vie et la terre est le don matériel que J'ai donné à ceux à qui J'ai donné la vie, pour que la vie puisse prendre vie, s'épanouir et obtenir la vie éternelle. La vie est un don extraordinaire que les hommes ne peuvent dominer, de la même manière que la matière ne peut dominer la vie. Les hommes ont reçu le don de la vie, la vie est ce qui fait qu'ils sont ce qu'ils sont. Les hommes ne peuvent dominer l'essence de leur existence car ils ne peuvent être leurs propres créateurs. Les hommes ont reçu leur existence, laquelle domine la matière, et la matière est grandie par la vie qui rehausse la matière à la hauteur de la vie. Les hommes ne peuvent pas décider de ce qu'ils ne dominent pas et c'est parce que la vie est le fruit de l'amour divin que Dieu seul en est le Maître. Les hommes ont reçu le pouvoir de dominer sur la matière afin que la matière les serve et les porte dans leur marche vers la Vie éternelle, et que, par elle, en elle et avec elle, ils obtiennent le don extraordinaire de la Vie divine.

J'ai donné la vie à la matière et la matière en a été transformée. La vie est la transformation de la matière en des êtres doués de liberté et d'amour. Les êtres doués de liberté et d'amour sont promis à la plus extraordinaire finalité, celle qui ne finit pas, celle qui est infiniment libre et infiniment amoureuse de l'Amour. La vie est un don tellement dépendant de la Vie divine, qu'elle est étroitement liée à la Vie de Dieu et à Son Amour, et elle ne peut survivre sans Lui. La vie qui se détache de la Vie divine et qui refuse Son Amour, brave la vie elle-même et brave l'Amour. Elle ne peut continuer à vivre parce qu'elle se détache de la source de sa propre vie ; elle se dessèche et meurt éternellement dans la mort éternelle.

La vie est le bien de Dieu, Il la donne et Il l'entretient. La vie est le bien de Dieu, Il la dispense quand Il veut et où Il veut. La vie est le bien de Dieu, Il est le Seul à détenir le pouvoir de la donner à la matière ou de la retirer de la matière. La vie est le bien de Dieu, Il est la Parole par laquelle elle entre dans la matière et par laquelle elle sort de la matière. La vie est dépendante de la Parole de Dieu, Parole créatrice, Parole vivifiante, Parole sanctifiante. La vie demeure la prérogative divine ; la vie est vie à cause de l'Action divine et l'Amour de Dieu la nourrit, la fait grandir et l'unit à Lui. La vie est le plus grand don de Dieu et l'homme qui ne respecte pas la matière vivifiée, pèche gravement contre l'Amour de Dieu. L'homme qui recherche la source de la vie dans la matière ne la trouvera pas, tandis que l'homme qui recherche la vie dans l'amour et la docilité à la grâce, la trouvera dans sa plénitude.

La vie est la gloire de l'œuvre créatrice et les hommes qui veulent se rendre maîtres de la vie commettent le péché très grave de vouloir accaparer la gloire divine. Le retrait de la vie et les expériences sur les cellules de la vie sont des outrages à Dieu, qui ne permettra plus longtemps que l'homme manipule les plus petits, les plus faibles et les plus démunis d'entre ceux de la race humaine, qui ont autant d'amour et de plénitude de vie divine à recevoir que l'homme mûr et épanoui à la vie humaine. Les enfants et les hommes mûrs ont reçu la vie et ces derniers privent leurs plus jeunes semblables de ce don qui leur est donné, leur reniant le droit de bâtir leur bonheur et leur vie éternelle. Les hommes qui agissent ainsi sont des monstres d'égoïsme et leur péché crie vengeance à Dieu. Dieu ne pardonnera pas le crime des nations et Il ne pardonnera pas non plus à l'impie. Dieu est le seul Maître de la vie qu'Il donne, et Il ne permettra pas que l'homme usurpe ce qu'Il n'a pas permis au démon d'usurper.

JEUDI 1er MARS 1990

La création à la mesure du Créateur

Je suis Dieu et l'Amour de Dieu est éternel. Je suis Dieu et la Parole de Dieu est éternelle. Je suis Dieu et l'Action de Dieu est éternelle. Je suis l'Eternel et Je crée à la mesure de Mon éternité. Je crée pour l'éternité et Je crée dans l'éternité. Je suis l'Eternel. Mon Action créatrice est éternelle, Ma Parole créatrice est éternelle, Mon Amour créateur est éternel et Ma création est appelée à entrer dans Mon éternité. La création invisible est dans Mon éternité et la création visible est destinée à l'éternité. La création visible ne cessera jamais et la fin du monde sera la fin d'un monde. La fin de la terre viendra mais la fin de Ma création visible ne sera pas. La création visible est dans le temps et l'univers est la matière qui est dans le temps. La matière de l'univers peut se désagréger et se dénaturer par l'effet de l'explosion ou de l'implosion mais la matière peut aussi être en perpétuel renouvellement.

Je bénis Mon œuvre et tout ce que Je bénis se transforme et se sanctifie par l'effet de Mon Amour. L'Amour est la Sainteté de Dieu et la Sainteté renouvelle et sanctifie. La Sainteté de Dieu est perpétuelle et inatteignable dans sa perfection, dans sa profondeur, dans sa distance. La Sainteté de Dieu est plus sainte que la plus sainte sainteté d'une créature et la création visible est appelée à être elle aussi toujours plus sainte, plus belle, plus étonnante et plus extraordinaire. Je suis Dieu, Mon œuvre est éternelle et Mon présent est l'éternité. Je crée dans l'éternité parce que Je suis l'Eternel et Mon éternité est éternelle. Je suis, Je suis, Je suis. Je vivifie, Je vivifierai, J'ai vivifié et Je suis la Vie éternelle. Je donne la vie dans le monde invisible et Je donne la vie dans le monde visible.

J'aime éternellement et l'Amour éternel est insondable parce qu'il est profond comme l'éternité, parce qu'il est sans fin et toujours renouvelé comme la vie éternelle. L'Amour est Vie, l'Amour est Eternité, l'Amour est Dieu. Je suis l'Amour éternel et Mon Amour est l'amour qui donne la vie éternelle. Je suis Dieu et Je suis la Vie. Je suis Dieu et Je suis l'Action éternellement créatrice, éternellement vivifiante, éternellement sanctifiante.

JEUDI 26 AVRIL 1990

Dieu répare ce que la créature détruit

La terre est sortie de l'abîme et elle est devenue le joyau de la création. Elle a perdu la perle précieuse qui lui avait été confiée : le Paradis terrestre a été détruit au lieu d'avoir été entretenu, développé et propagé. La terre est cependant destinée à retrouver ce que l'homme lui a fait perdre et elle le retrouvera par l'action divine parce que l'action humaine a fait défaut. Ainsi en est-il de tout, pour tout et à jamais. Dieu donne, répare et redonne, et le deuxième don est plus grand, plus solide, plus parfait et plus durable que le premier don, non à cause d'une imperfection divine mais à cause de l'imperfection de la créature à qui Dieu donne de participer au développement de Son œuvre et qu'Il rénove Lui-même lorsque la créature imparfaite a tout abîmé.

DIMANCHE 29 JUILLET 1990

Le temps

Le temps est l'œuvre de Dieu et le temps est dans les mains de Dieu. Le temps est au service de Dieu et le temps est à l'heure de Dieu. Dieu crée le temps et l'heure est la volonté de Dieu. Les aiguilles du temps sont à l'heure décidée par Dieu et elles tournent à la vitesse du temps, décidé par Dieu. Je Me donne le temps de préparation du Plan divin sur la terre et Je donne au temps la vitesse décidée pour l'accomplissement de ce Plan. J'ai donné au monde un temps et ce temps est celui que J'ai décidé de toute éternité. Je donne à l'accomplissement du Plan divin un temps déterminé par la volonté de Dieu et Je gère ce temps comme un Maître tout-puissant gère le bien qu'il possède et qu'il domine. Je donne un temps restreint au mal afin qu'il serve le bien malgré lui et Je donne au bien un temps décidé par Moi dans le monde visible et à ce même bien un autre temps décidé par Moi dans le monde invisible. Et puis, dans la Vie éternelle, le temps est encore un temps défini par Moi et ce temps est le temps divin, le temps de la Vie divine, le temps de la Possession et de l'Echange de Dieu avec Dieu, de Dieu à Dieu, de Dieu en Dieu. Le temps de la Possession et de l'Echange de Dieu est un temps inconnu des hommes et de tout le créé parce qu'il n'a pas été exprimé et parce qu'il n'a même pas été évoqué. Le temps de la Vie divine est un temps fantastique qui doit encore être expliqué.

LUNDI 8 OCTOBRE 1990

La maladie de la foi

Le temps est arrivé, et ce temps devient de plus en plus apparent, où la foi n'a plus droit de cité et tout ce qui lui est favorable de près ou de loin est combattu, balayé, étouffé. La foi deviendra bientôt une tare et les fidèles de la foi deviendront des hommes, des femmes et des enfants à abattre. La foi sera combattue avec violence à cause de la tare qu'elle porte en elle et qui imprègne tout entier l'individu qui en est atteint. La foi est la maladie la plus incurable et la plus dure à guérir ; et puisque les hommes ont décidé qu'il était légal de tuer les petits enfants comme les plus âgés ou les malades incurables, ils décrèteront que la maladie de la foi est également un motif de suppression de la vie. La foi deviendra une maladie dont les hommes qui n'en sont pas atteints auront une grande crainte et ils fuiront la compagnie de ces pestiférés.

Je dis maintenant à Mes enfants : Je ne vous quitterai pas, Je ne vous abandonnerai pas. Je suis le Seigneur, Maître du monde et de toute la création, et l'amour qui est le Mien vous donnera le courage, la ténacité et l'audace de la foi. Je vous donnerai la vie et la vie que Je donne est la seule vie qui vaille. Je suis la Vie et l'existence en-dehors de Moi est la mort. La vie est à vous, la vie est à ceux d'entre vous qui seront constants dans la foi et la vie vous sera donnée en abondance. Ne craignez pas, Je bénis les Miens et Je bénis tous les hommes de bonne volonté.

LUNDI 12 NOVEMBRE 1990

Passion et mort du Corps mystique de la Sainte Eglise

Je donne au monde la paix, la grâce de la paix qui n'est pas celle du monde, et le monde désire la paix. Le monde désire sa paix mais, hors de Ma paix, il ne peut la trouver. La paix que Je donne est Ma paix, source de toute paix, et la paix du monde est la résultante de la paix que Je lui donne. La paix est dans le monde à cause de la présence de la paix de Dieu et la paix de Dieu est dans le monde par la présence dans le monde du Saint-Sacrement.

Je demeure dans le monde et la présence de Dieu dans le monde est la condition de la paix. La présence de Dieu est la garantie de la paix mais, lorsque Dieu aura été relégué dans les coulisses et dans les arrière-sacristies des églises, la paix ne sera plus et le monde connaîtra la plus affreuse guerre et la plus grave destruction de tous les temps.

Je suis Dieu, Je suis le Tout-Puissant et Je serai cependant relégué et mis au banc de Mes églises. J'accepterai cette humiliation comme J'ai accepté de Mon vivant sur la terre d'être jugé pire qu'un brigand et passible de la peine de mort des scélérats. J'attends la Passion de Mon Corps Mystique avec le même désir que celui avec lequel J'ai attendu la Passion de la Sainte Humanité du Verbe de Dieu et Je souffrirai en elle les mêmes tourments, les mêmes offenses et les mêmes blessures ; et lorsque le Corps Mystique de la Sainte Eglise aura consommé son sacrifice, Je la ressusciterai et elle sera resplendissante de la Joie de Son divin Epoux.

Je demande à Mes enfants de ne pas perdre la foi pendant ces temps de ténèbres et, de même que la présence de Ma Mère aux côtés de Mes apôtres et disciples leur fut un encouragement et une aide précieuse entre toutes, ainsi la Sainte Eucharistie ne vous sera pas enlevée, elle vous réconfortera et vous sera une aide précieuse entre toutes.

Je suis le Seigneur et Je suis votre Sauveur. Je demeure le Sauveur de Mes enfants et, lorsque la fin semblera arrivée, Je vous sauverai et vous ne serez pas abandonnés. La fin approche et elle doit être précédée de la Passion du Corps Mystique de la Sainte Eglise. La Sainte Eglise dans ses membres ne se doute pas de la Passion qui sera la sienne et elle la subira comme J'ai désiré subir la Mienne : dans le déshonneur, dans la honte, dans le mépris et dans l'abandon de ceux qui M'avaient promis leur fidélité.

Je parle maintenant de la période qui précèdera la mort du Corps Mystique de la Sainte Eglise. Les temps sont arrivés où la voix de Mes représentants n'est plus écoutée ni même entendue à cause de la faiblesse de sa portée. La voix de la Sainte Eglise s'est voilée et elle parle avec peine parce que la maladie ronge déjà le Corps de la Sainte Eglise. Les mots qu'elle profère sont exhalés dans un effort d'articulation mais le souffle qui les porte est plus un râle qu'une respiration. Les mots expirés sont incohérents comme la pensée d'un malade, trop faible pour mettre de l'ordre dans son expression et qui exprime pêle-mêle les réalités de sa vie et les phantasmes de sa maladie. La Sainte Eglise dans ses membres est moribonde et elle espère encore en sa vie. Elle croit à une santé qu'elle n'a plus et la maladie qui la ronge est plus forte que l'espérance de vie qui lui fait croire à sa bonne santé.

Mais voilà que sonne le glas et les enfants de Dieu sont orphelins. Les enfants de Dieu sont ébranlés et ils ne peuvent croire à leur malheur. Et cependant, la froide et dure réalité est présente à leurs yeux et le spectre de la mort est entré dans l'intimité de leur âme. Vois le tombeau de la Sainte Humanité du Verbe de Dieu et regarde la consternation de ceux qui M'y couchent. Leur tristesse est grande mais leur effroi l'est plus encore. La fin d'une dimension insoupçonnée leur semble atteinte et leur émoi est à son comble. Seule la Mère de Dieu est droite en son âme, elle ne vacille pas, elle est le roc contre lequel vont s'agripper les âmes de Mes apôtres et disciples qui ont peur et qui sont ébranlés. Ainsi en sera-t-il des Miens et des enfants de Dieu, qui auront mis en Mon Corps Mystique toute leur confiance et toute leur espérance. Ils seront apeurés et ils chercheront le roc qui les sauvera de la défaillance. Ils se tourneront vers la Sainte Eucharistie qui sera encore présente et qui les consolera et les encouragera. Oui, Je n'abandonnerai pas les Miens, Je ne les laisserai pas partir à la dérive parce que Je suis le Sauveur et Je demeure le Sauveur éternellement.

Vois Mes pleurs, vois la couronne d'épines qui orne Ma tête, vois la tristesse de Mon Ame. Le Corps Mystique de la Sainte Eglise pleurera, elle portera cette même couronne et la tristesse remuera l'âme de tous ses enfants. Oui, parce que la mort est la plus triste épreuve de tout ce qui vit, la mort est le sort du pécheur, la mort est la morsure du démon qui mordra la Sainte Eglise au talon comme elle a mordu l'humanité et son Fruit divin au talon. Cette morsure est nécessaire afin de refermer le mal sur lui-même et, après que la première morsure a refermé le mal de l'âme sur lui-même, cette seconde morsure doit refermer le mal du corps sur lui-même.

VENDREDI 16 NOVEMBRE 1990

La Pénurie

J'ai demandé au monde, par l'intermédiaire de la Mère de Dieu, de prier et de faire pénitence mais le monde est comme sourd à toute pénitence, à tout sacrifice et à toute mortification. Les hommes croient que Dieu est patient et bon, mais ils oublient que Dieu est aussi Justice et Colère, parce que Dieu récompense le bien et punit le mal. La Justice divine est un dogme de foi et les péchés qui crient vengeance au Ciel sont de plus en plus grands. La Colère divine est un dogme de foi ; la Colère de Dieu est terrible pour Ses ennemis tandis qu'elle est un abri étanche pour les âmes qui L'aiment et qui veulent faire la volonté de Dieu.

La pénurie est l'absence du nécessaire et les pays dont les gouvernements ont été des ennemis avoués de Dieu seront frappés les premiers par la pénurie. La pénurie est aussi le lot des populations ignorantes de Dieu, la pénurie est le sort des hommes qui ne veulent pas Dieu ou qui ne Le connaissent pas. L'évangélisation des peuples ignorants devait apporter la prospérité des hommes nés dans l'ignorance de Dieu et la prospérité a été bien souvent le témoignage de la bénédiction de Dieu sur les peuples qui avaient appris à prier le «Notre Père». La décolonisation a bien souvent été aussi un arrêt de l'évangélisation et les peuples qui avaient appris le Notre Père l'ont oublié pour la plupart ; la pénurie est revenue mais les hommes n'ont pas compris que la cause unique en a été la régression de la foi et non toutes les causes sociologiques que les hommes inventent et auxquelles ils croient.

La pénurie frappe maintenant les pays dont le sol aurait dû donner aux hommes le nécessaire et même beaucoup plus que le nécessaire. Les pays tombés dans la pénurie à cause de leur apostasie sont de plus en plus angoissés et ils crient à l'aide devant l'inéluctable qui se profile à l'horizon et qui, déjà, fait sentir sa dure réalité. Les pays qui crient à l'aide ne trouveront pas la solution à leur problème chez leurs voisins parce que Dieu a donné le sol aux hommes pour leurs besoins mais non les hommes à n'importe quel sol. Les hommes et les femmes qui croient trouver ailleurs ce qu'ils ont perdu chez eux se trompent lourdement et la terre deviendra stérile dans tous les coins du monde parce que l'apostasie s'est généralisée à travers le monde. Les hommes qui seront touchés les premiers pleureront et s'échapperont de leur terre inhospitalière et les hommes qui ne s'échapperont pas mourront en grand nombre. Les hommes qui s'échapperont seront accueillis en un premier temps mais ces hommes échappés ne trouveront pas la stabilité qu'ils auront espéré trouver en fuyant la pénurie de leur pays. Ces hommes étrangers et déçus se transformeront en pillards tandis que la pénurie deviendra petit à petit un état général dans le monde.

Les temps dont Je parle sont très proches et les hommes le savent tout en ne mesurant pas l'importance de la pénurie qui vient. Les hommes désirent leur confort et ils ne peuvent imaginer qu'ils en seront privés. Les hommes désirent leur bien-être et ils ne peuvent imaginer que le bien-être est un péché lorsqu'il est recherché pour lui-même. Les hommes désirent la facilité de la vie, tous leurs aises et toutes leurs envies, et la pénurie est le contraire de tels désirs. Les désirs des hommes ne sont pas bénis par Dieu et la prospérité sans la bénédiction divine ne se peut. La pénurie est le lot des pays en révolte contre Dieu et la pénurie sera dans le monde entier parce que le monde entier est en révolte contre Dieu. Les hommes, les femmes et les enfants qui désireront demeurer dans l'amour de Dieu porteront le fardeau de la pénurie afin de faire pénitence ; leur pénitence plaira à Dieu et Dieu ne leur enlèvera pas le nécessaire. Les hommes, les femmes et les enfants qui feront pénitence seront à l'abri de la divine Providence tandis que ceux qui se révolteront contre une pénurie qu'ils détesteront, périront en grand nombre.

DIMANCHE 6 JANVIER 1991

Le don de Dieu à l'Eglise

Je bénis les dons que Je donne à Mes serviteurs et Je bénis ceux qui y sont fidèles. Je donne à Mes serviteurs le don le plus extraordinaire et le plus élevé qui soit, celui de donner Dieu à la créature, et J'ai donné ce don à la sainte Eglise catholique dans le temps et pour le reste du temps. J'ai fait un don, Je suis le très fidèle et le très loyal, et Je ne retire pas les dons que Je fais. Je donne et le don est donné pour toujours dans le temps dans lequel il doit s'exercer. Ainsi, les dons reçus dans le temps de la création visible sont pour ce temps et les dons reçus dans le temps de la création invisible sont pour ce temps-là. Le don donné sert à la sanctification de celui à qui il est donné et de ceux qui doivent en être les très heureux bénéficiaires. J'ai donné à la sainte Eglise catholique le don de communiquer la vie de la grâce à la créature et la créature est la très heureuse bénéficiaire de ce don divin. La sainte Eglise est appelée à devenir la «très» sainte Eglise à cause du don reçu et à cause de la sanctification que le don reçu doit donner à celui ou à celle qui l'a reçu.

J'ai donné à la sainte Eglise la mission d'enseigner les nations et de les baptiser au Nom du Père, du Fils et du Saint-Esprit, et J'amplifierai la diffusion de ce don lorsque les temps de cette amplification seront arrivés. Je suis le Seigneur et J'amplifie, J'agrandis, J'élève, Je donne de surpasser, Je sanctifie. Je suis l'éternel Amplificateur de tout ce que Je crée et le créé est appelé à grandir sans cesse, à s'élever sans cesse, à se surpasser sans cesse, à se sanctifier sans cesse. Je donne à la créature le don de la vie et la vie minuscule du premier instant est appelée à entrer dans la vie divine, à se fondre dans la vie divine et, en se fondant dans la Vie de Dieu, elle devient partie prenante de la Vie divine. La création est appelée de même à être élevée, à se sanctifier et à se fondre dans la Vie de Dieu et les temps de cette incroyable réalité seront des temps de bonheur extraordinaire pour la créature qui les vivra.

MERCREDI 13 FÉVRIER 1991

Les mains

J'ai créé l'homme avec des mains afin que celles-ci soient constructrices du royaume béni de la terre dans lequel Je l'avais placé d'abord. Mais de ces mêmes mains, données pour construire, l'homme s'est servi pour détruire ou pour se servir au lieu de servir Dieu. L'homme a pris en mains sa destinée et l'a asservie au lieu de la laisser entre les mains de Dieu.

J'ai béni les mains de Mes serviteurs en les consacrant dans le sacrement de l'Ordre et, à partir de cette bénédiction et de l'onction de ses mains, le prêtre devient le ministre de Dieu, de la sainte Eglise et de la grâce. J'ai donné aux mains du prêtre la grâce d'être les mains bénies d'un être humain déchu mais rénové par les sacrements du Baptême, de la Confirmation et puis de l'Ordre, et après de si grandes grâces, les mains du prêtre sont spirituellement comme étaient les mains du premier homme avant le péché et comme étaient les mains très saintes et très douces du Seigneur Jésus-Christ.

Les mains sont les outils du corps humain ; un corps sain aura des mains saines et un corps saint aura des mains saintes, tandis qu'un corps avili aura des mains avilies et un corps déchu aura des mains déchues. Les mains des fidèles sont des mains de fidèles et les mains du prêtre sont des mains de prêtre et l'un et l'autre sont dissemblables à cause du sacrement infiniment grand qui les différencie pour l'éternité.

Le sacrement de l'Ordre est propre à l'âme de l'homme (par opposition à la femme), ministre de la sainte Eglise, et les fidèles qui croient qu'ils peuvent, sous prétexte de manquer de prêtres, s'en passer en agissant à sa place et en son nom, sont condamnables de la même manière qu'un homme de la rue serait aussitôt délogé s'il devait s'asseoir sur le trône d'un monarque. Les mains de l'homme et de la femme sont des mains déchues et les mains du prêtre sont des mains d'homme déchu mais attitré à la tâche qu'il reçoit de Dieu Lui-même, qui bénit, sanctifie et ordonne aux mains de Son serviteur d'agir à Sa place et en Son nom. Le prêtre a reçu le mandat divin et ce mandat n'est pas limité aux seules mains du prêtre. Le mandat est étendu à la personne tout entière du prêtre : il va de ses mains à sa tête et à son corps tout entier afin d'être un autre Christ, un autre homme, un nouvel être. Ce nouvel être est appelé à vivre à l'exemple du Roi dont il est le ministre et le Roi n'est autre qu'un Homme et un Dieu : l'Homme a souffert, a aimé, a pardonné et Dieu a béni, a sanctifié, a donné la vie. Le prêtre doit agir de même ; comme homme, il doit se donner, aimer et pardonner, et comme ministre du Très-Haut, il doit bénir, donner la grâce sanctifiante et administrer les sacrements.

Le fidèle et le prêtre sont aussi différents spirituellement que l'homme et la femme le sont corporellement et, de même que l'homme et la femme ont chacun leur place et leur rôle dans la société humaine et dans la propagation de la vie humaine, ainsi le fidèle et le prêtre ont chacun leur place et leur rôle dans la sainte Eglise et dans la propagation de la vie surnaturelle. Et autant il est impossible à la femme de donner la vie et à l'homme de la recevoir, autant il est impossible à la sainte Eglise de garder la Vie sans le concours et la participation généreuse du prêtre.

MERCREDI 20 FÉVRIER 1991

Le dernier combat

J'ai désiré les épreuves de la vie dans le monde visible afin d'aguerrir l'âme des Miens pour le combat qui doit les rendre victorieux et ce combat est le dernier combat qui ouvre la porte du Ciel. Le dernier et plus difficile combat, celui de la mort physique dans le dénuement et dans l'abandon de la volonté propre, ne se gagne que par l'habitude du combat et cette habitude du combat ne peut être acquise sans souffrances acceptées, sans désillusions acceptées, sans épreuves acceptées.

Le combat qui ouvre la porte du Ciel est le dernier combat alors que la mort physique a déjà fait son œuvre et que l'âme est dégarnie de ce qui lui servait de paravent entre elle et la réalité surnaturelle. L'âme dégarnie est alors sujette aux pires tourments à cause de la vue de toutes les fautes de sa vie qu'elle voit dans la réalité de la vision surnaturelle sans fard. La vue de ses fautes la rend honteuse et elle est prise d'une angoisse qui la poursuivra jusqu'aux pieds du tribunal divin. L'angoisse dont elle sera prise alors ne la quittera pas et les démons la tenteront à ce moment-là d'une manière telle que la force du combat qu'elle devra produire dépendra de l'entraînement qu'elle aura acquis de son vivant sur la terre. Les démons ont la connaissance de cet entraînement de la même manière qu'un adversaire connaît l'adversaire contre lequel il est habitué à se mesurer ; si l'âme est forte, les démons ne la tenteront que dans les points qui présentent encore des faiblesses et l'âme forte sera victorieuse à cause de l'habitude acquise au combat sur la terre. Les âmes faibles et peu volontaires seront la proie des démons, dans un combat dont l'issue serait en général fatale pour la pauvre âme bonne mais encore bien peu aguerrie, si l'Ange Gardien ne volait pas au secours de celle qui a le dessous. En ce dernier combat, l'âme accepte la main tendue de son Ange ou la rejette. L'âme qui accepte la main tendue de son Ange lui doit la vie. L'âme aguerrie est agressée dans la partie faible de son être mais l'âme plus forte est laissée tranquille parce que le redoutable adversaire la craint et a déjà abandonné l'espoir de la faire culbuter.

Je bénis les enfants de Dieu et Je les veux tous auprès de Moi dans la Demeure éternelle. Je les veux et les démons les veulent aussi et la vie terrestre est le combat incessant entre Dieu et les créatures du Mal. Dieu est le plus fort, Dieu est le Vainqueur et les forces du Mal le savent tout en luttant tant que la faiblesse des âmes leur donne l'espoir de leur faire partager leur châtiment. Mais lorsque la terre aura été renouvelée, les âmes seront passées par tant d'épreuves et par tant de combats qu'elles seront fortes et les démons, enfermés en Enfer par l'Archange Michel, ne trouveront plus de faille leur permettant de refaire surface.

L'âme d'Eve, par la faute, leur avait donné accès à la porte de sortie de leur prison et la rénovation de la terre doit les enfermer de nouveau là d'où ils n'auraient jamais pu s'échapper sans l'aide de la créature rebelle et infidèle.

JEUDI 21 FÉVRIER 1991

Adveniat regnum tuum

Je bénis tout ce que Je fais, tout ce que Je dis et tout ce que J'aime. Je bénis la divine Action qui agit et qui donne l'être et la création. Je bénis la divine Parole qui est la Voix qui insuffle la vie, la fait grandir et lui donne la Vie. Je bénis l'amour qui donne à la création sa bonté, sa beauté et sa douceur, et l'Amour divin est la source de cet amour, de cette bonté et de cette douceur de créature et de tout le créé. J'ai béni la création, Je l'ai sauvée, Je l'ai rachetée et Je la sanctifierai afin qu'elle soit sainte et digne de l'Amour qu'elle reçoit et qu'elle donne à son tour. Je lui donne la Vie afin de lui donner le meilleur de Moi-même et cette Vie est la Vie de Dieu. La création est appelée à recevoir en elle la Vie de Dieu et elle deviendra la Demeure de Dieu dans sa partie visible comme dans sa partie invisible. La création est appelée à entrer dans la Vie de Dieu et elle sera dans le Ciel. La création est appelée à devenir la Résidence de Dieu à cause du désir de Dieu d'être dans tout ce qu'Il crée et d'être avec la créature qu'Il a créée pour Lui et afin de lui donner le bonheur divin de Sa divine Présence. La création est appelée à être la Résidence de la divine Famille et la création est destinée à la plus heureuse Fin, celle d'être le lieu de Repos de Dieu, le Havre de Paix de Dieu, la Retraite de Dieu.

J'ai désiré faire connaître cette Fin à cause de la prochaine épreuve qui va fondre sur le monde et qui a déjà commencé. L'épreuve est une purification et la pureté s'acquiert par la purification. Je purifierai les Miens, Je leur donnerai la blancheur de l'âme et Je serai alors le très heureux, le très épris et le très ardent Aimant des âmes pures qui M'aimeront à la mesure de leur blancheur. J'ai été le grand incompris, le grand douloureux et le très grand souffrant lors de la vie terrestre de la Sainte Humanité de Mon Verbe, et Je serai le grand compris, le bienheureux et le très aimé Sauveur de ceux qui désireront la Venue de Dieu dans la Gloire à l'heure de Mon Retour.

J'ai donné à la terre l'espérance de Mon Retour et les Miens ont la connaissance de Mon Retour dans la Gloire à la fin de l'épreuve qui vient et qui est déjà là. Les enfants de Dieu qui attendent Mon Royaume sont dans la vérité et ceux qui le rejettent devront se convertir afin d'y avoir part. La foi en le Retour glorieux de Dieu sur la terre et dans le temps de la création visible est une grande grâce à cause de l'espérance qu'elle contient en elle et parce que le Seigneur Jésus-Christ a demandé à tous Ses frères et sœurs de la terre de prier Dieu, «Notre Père», afin que «Votre Règne arrive et que Votre volonté soit faite sur la terre comme au Ciel». Je suis Dieu et Je dis à Mes enfants que Mon Règne arrive et que Ma volonté sera faite sur la terre comme au Ciel. J'ai besoin de la foi de Mes enfants et J'ai besoin de leur certitude de recevoir ce qu'ils Me demandent et, de même que Je leur ai dit : «tout ce que vous demanderez à Mon Père en Mon Nom, Il vous l'accordera», ainsi Je leur dis que le Règne de Dieu et l'accomplissement de Sa Volonté sur la terre seront le grand don de Dieu à Ses enfants qui le Lui demandent et qui croient en la réalisation de leurs demandes lorsqu'elles sont conformes à la divine Volonté.

J'ai désiré être le désiré du cœur de Mes enfants avant d'établir le Règne de Dieu, et la tristesse et la destruction de la terre fera grandir dans leur cœur le désir de Mon Retour. J'ai besoin d'un désir ardent, d'une soif ardente et d'une très réelle aspiration de l'âme afin d'entrer en elle et régner en Maître et en Roi sur elle. J'ai besoin de la destruction du Mal, de la chute de tout ce qui encombre l'espace de l'âme et, lorsque le vide de la terre sera fait, alors Je la remplirai de Ma Présence comme le nouveau propriétaire prend possession de sa demeure après l'avoir vidée de tout ce qui n'est pas à lui. Je remplirai la terre de la divine Présence et Je la décorerai de nouveau à Mon goût et à Ma façon. Je bénirai tout ce que J'aurai rénové et Je brûlerai tout ce qui est trop abîmé pour servir encore. Je brûlerai d'abord les restes de la destruction du Mal et puis Je remplirai la terre de Ma beauté, de Ma bonté et de Ma douceur après que la brûlure de Mon amour aura eu raison de toute la terre et de tout ce qu'elle contient. Je viens bientôt et Mon Retour et imminent, Je viens bientôt, Je viens maintenant.

TABLE DES MATIÈRES

Avant-propos 1

Chapitre premier - **Grandeur de Dieu et de la Mère de Dieu**

Eternité de l'Amour de Dieu pour la création 7
Je suis Dieu 8
Noël (1) 9
Permanence du Saint-Esprit dans la création 9
L'amour de la Très Sainte Vierge 10
L'Esprit de Dieu, entré dans le monde par Jésus-Christ 10
Le Pain de Vie 12
Le regard de Dieu 13
Offrande de la création tout entière 13
Action toute-puissante de Dieu 14
L'Amour du Sacré-Cœur 16
La Mère de Dieu 16
Le Saint Sacrifice : acte de soumission absolue 17
Grandeur de l'espace visible 18
Perfection de l'amour de la Mère de Dieu 19
Perpétuité du sacrifice de la croix 20
L'Amour de Dieu 20
La Bénédiction de Dieu 21
L'Amour de Dieu : motif et moteur de la Rédemption 21
La Parole de Dieu et la création 22
L'Amour du Roi, du Souverain, du Maître 23

La Vérité 24
Grandeur de l'amour divin 25
L'Amour de Dieu 26
La descente aux Enfers 28
La nuit de la Passion de Jésus-Christ 30
Noël (2) 31
Perfection de l'immolation divine 32
La Joie divine 33
La générosité de Dieu 34
La très grande Bonté de Dieu 35

Chapitre II - **Le comportement humain**

La divine Providence 37
La divine Providence - Ingratitude des hommes 38
Beauté et bonté initiales de la création 39
La Parole de Dieu rejetée par les générations successives de l'humanité 40
Pourquoi Dieu permet l'ignorance 41
Le Mal : action de la créature 43
Reconnaissance et fidélité de Dieu 45
Le chemin de la sainteté 46
Bonté de Dieu et indignité des hommes 47
Dieu a besoin des hommes 48
Nécessité de servir son usage 48
Dieu est incomparable 49

Chapitre III - **La vie surnaturelle**

Gravité du péché d'Adam et Eve 51
Le bonheur des saints 52
Miséricorde de Dieu au jugement particulier 53
Perfection de la Justice divine 54
Le sacrement de pénitence et le repentir 54
Amour de Dieu : source de vie et de bonheur 55
Amour de Dieu pour ceux qui respectent la vie 56
Bonheur et brillance de l'âme dans le Ciel 57
Le Paradis terrestre 58
Le Paradis, le Ciel 60
Le monde invisible 62
Liberté de la créature 63
L'Enfer 64

L'intelligence est issue de la foi 65
Perfection initiale d'Adam et Eve 65
La vision béatifique... 67
... La Demeure de Dieu 67
Le travail de la grâce 68
Entrée de l'âme dans la Gloire de Dieu 69
Autorité initiale de l'être humain 70
Grandeur de la création invisible 71
Entrée de l'âme dans la Demeure de Dieu 72
Entrée d'une âme dans le Royaume éternel 74

Chapitre IV - **Les desseins et les désirs de Dieu**

La Venue de Notre-Seigneur 77
Amour et fidélité de Dieu envers l'Eglise 79
L'ordre et le sacrement de l'Ordre 80
L'Europe 84
Prédilection de la Terre 85
La Terre et le temps 85
Pourquoi Je parle de Mon œuvre 86
Ils reviendront à Moi 87
Le don de la vie 88
La création à la mesure du Créateur 90
Dieu répare ce que la créature détruit 91
Le temps 92
La maladie de la foi 92
Passion et mort du Corps mystique
de la Sainte Eglise 93
La Pénurie 96
Le don de Dieu à l'Eglise 98
Les mains 99
Le dernier combat 101
Adveniat regnum tuum 102

ACHEVÉ D'IMPRIMER
POUR LA FÊTE DE SAINTE MARTHE
LE 29 JUILLET 2000
EN L'ANNÉE SAINTE DU JUBILÉ
PAR LES ÉDITIONS RÉSIAC
F 53150 MONTSÛRS

N° d'imprimeur 736 - N° d'éditeur 694
Dépôt légal Août 2000